DIE HILFENGEBUNG DES REITERS

Die Hilfengebung des Reiters

Grundbegriffe der harmonischen Verständigung zwischen Reiter und Pferd

Clarissa L. Busch

Copyright © 2000 by Cadmos Verlag
Gestaltung: Ravenstein Brain Pool
Fotos ohne Fotonachweis: Peter Prohn
Druck: Grindeldruck, Hamburg
Alle Rechte vorbehalten
Abdrucke oder Speicherung in elektronischen Medien nur
nach vorheriger schriftlicher Genehmigung durch den Verlag.
Printed in Germany
ISBN 3-86127-517-1

Inhalt

Die Reiterhilfen — 7
Die Gewichtshilfen — 9
Die Schenkelhilfen — 13
Die Zügelhilfen — 16
Zusammenspiel der Hilfen — 19
Halbe Parade — 19
Ganze Parade — 22

Hilfengebung in der Bewegung — 24
Im Schritt — 24
Im Trab — 25
Im Galopp — 29

Zusätzliche Hilfen — 33
Stimme — 33
Gerteneinsatz — 33
Sporeneinsatz — 33

Reitergefühl — 35

Übergänge reiten — 38
Schritt - Halt — 38
Trab - Schritt — 42
Trab - Halt — 43
Galopp - Trab — 43
Galopp - Schritt — 43

INHALT

HUFSCHLAGFIGUREN UND LEKTIONEN REITEN 45

Ecken ausreiten	45
Durch die Bahn wechseln	46
Auf dem Zirkel	48
Aus dem Zirkel wechseln	49
Durch den Zirkel wechseln	50
Einfache Schlangenlinie	50
Doppelte Schlangenlinie	51
Schlangenlinie durch die ganze Bahn	52
Vorhandwendung	53
Schenkelweichen	55
Viereck verkleinern und vergrößern	57
Schenkelweichen im Trab	59
Volten	59
Rückwärtsrichten	62
Galoppvolten	65
Kehrtvolten im Galopp	66
Außengalopp	67
Hinterhandwendung und Kurzkehrtwendung	69
Zügel aus der Hand kauen lassen	75
Überstreichen	76
Springen	77

Die Reiterhilfen

Die Hilfengebung ist die Sprache zwischen Pferd und Reiter. Durch die Zeichen der Reiterhilfen können sich Pferd und Reiter verständigen. Die Verständigung ist nicht – wie man auf den ersten Blick denken könnte – einseitig vom Reiter zum Pferd, denn das Pferd hat ebenso die Möglichkeit, die Hilfen willig anzunehmen oder sich ihnen vehement zu widersetzen und dem Reiter somit zu signalisieren, was er falsch macht. Unter Hilfengebung versteht man die unsichtbare Übereinstimmung zwischen der Einheit Reiter und Pferd. Im Idealfall sollte der Reiter lediglich an die Ausführung einer Lektion denken müssen und prompt reagiert das Pferd in der richtigen Weise. Aber bis es so weit kommt, ist es ein langer Weg.

Vor allem müssen sowohl Reiter als auch Pferd diese Verständigungsmöglichkeit erlernen. Um die reiterliche Sprache der Hilfengebung einsetzen zu können, ist es Voraussetzung, dass Reiter und Pferd diese Sprache erlernt haben. Grundsätzlich sollte ein uner-

Ein korrekter Sitz, aufrecht und entspannt, unsichtbare Hilfen und das Pferd geht in Harmonie mit der Reiterin

Die Reiterhilfen

fahrener Reiter die Hilfengebung auf einem gut ausgebildeten Pferd erlernen und ein junges Pferd die Hilfengebung von einem fortgeschrittenen Reiter, da es ansonsten zu vielen Verständigungsschwierigkeiten kommt, die sich auch später noch negativ auf die Ausbildung des Reiters und des Pferdes auswirken. Oft wird davon ausgegangen, dass das Pferd korrekt gegebene Hilfen automatisch versteht und lehrbuchmäßig darauf reagiert. Dem ist aber in den meisten Fällen nicht so, denn die in den Lehrbüchern beschriebene Situation geht von einem sorgfältig ausgebildeten und hochveranlagten Pferd aus. In der Realität erfahren die meisten Pferde, die nicht im großen Sport eingesetzt werden, nur eine kurze und auch nicht immer völlig korrekte Ausbildung. Gerade Schulpferde erlernen die Hilfen oft unter verschiedenen Reitern in unterschiedlichster Weise. Das Pferd lernt hierbei, dass es nur das akzeptieren muss, was vom Reiter wirklich ernsthaft durchgesetzt wird. Undefinierte Hilfen, die nicht mit dem entsprechenden Nachdruck gegeben werden, ignoriert das Pferd einfach. Unabhängig davon sind die körperlichen Voraussetzungen der Pferde sehr unterschiedlich. Manche Lektionen oder Tempi fallen leichter, andere schwerer. Auch dies ist zu berücksichtigen bei der Einwirkung auf das Pferd. Für den Reiter bedeuten diese Voraussetzungen beim Pferd, dass er seine Hilfengebung auf den Stand des Pferdes abstimmen muss. Die Hilfen werden zwar immer in der gleichen Weise gegeben, aber ihre Intensität und Einsatzweise ist stark vom Ausbildungsstand des Pferdes abhängig. Das Gefühl hierfür bekommt der Reiter nur in jahrelanger Erfahrung beim Reiten verschiedener Pferde. Ein noch wenig erfahrener Reiter sollte sich deshalb Tipps bei seinem Reitlehrer holen.

Die Voraussetzung für den Reiter, um seine Hilfen korrekt einsetzen zu können, ist der richtige Sitz. Nur aus einem ausbalancierten, losgelassenen Sitz können geschmeidige und bewegungsunabhängige Hilfen gegeben werden. Gerade die Balance ist extrem wichtig für die Ausführung der Hilfen.

Oberstes Gebot ist es immer, seine Balance auf dem Pferderücken zu finden. Der Reiter darf sich auf keinen Fall festhalten müssen oder sogar nur das Gefühl haben, sich festhalten zu müssen, um auf dem Pferderücken zu bleiben. Er soll sein Gewicht so ausbalancieren, dass es sich immer über dem Schwerpunkt des Pferderückens befindet. Der Reiter hält sich also nur auf dem Pferd, indem er immer genau senkrecht über der Pferdewirbelsäule sitzt.

In Wendungen muss er darauf achten, in der Mitte zu bleiben, und braucht sich nicht mit den Händen oder Beinen festklammern. Auch das Hochnehmen der Hände ist ein Zeichen für mangelnde Balance, da der Reiter hiermit versucht, sein Gleichgewicht mit den Händen auszugleichen, anstatt die Balance ausschließlich mit dem Oberkörper zu finden. Der Sitz muss so ausgeglichen sein, dass der Reiter in der Lage ist, seine Hände absolut ruhig zu halten und nur bewusst und gezielt annehmende und nachgebende Zügelhilfen zu geben. Ein Mitschlackern der Hände in der Bewegung ist auf jeden Fall zu vermeiden. Ebenso dürfen die Reiterschenkel keinesfalls aus der Bewegung heraus an

Die Reiterhilfen

Longenstunden: Sicherheit für Anfänger, intensive Sitzkorrekturen für Fortgeschrittene.

den Pferdekörper schlagen. Sie müssen kontrolliert zum Treiben eingesetzt werden. Um diese Balance zu erreichen, sollte die anfängliche Schulung des Reiters an der Longe speziell hier ausgiebig sein. Auch später kann es nicht schaden, seinen Sitz mit einer Longenstunde korrigieren zu lassen. Wichtig ist hierbei aber nicht die einmalige Korrektur, sondern die ständige Arbeit des Reiters an seinem Sitz. In der Longenstunde wird der Reiter nur auf seine Fehler hingewiesen. Ein eindeutiger Erfolg in der Verbesserung des Sitzes kann nur erfolgen, wenn der Reiter kontinuierlich eigenständig seinen Sitz überprüft und verbessert.

DIE GEWICHTSHILFEN

Das Gewicht des Reiters ist die wichtigste, aber auch zugleich am wenigsten aktive Hilfe des Reiters. Bereits durch das aufrechte Sitzen und damit Drücken des Reitergewichtes auf die Wirbelsäule des Pferdes wird das Pferd zum Vorwärts gehen animiert. Aus diesem Grunde ist es besonders wichtig, dass der Reiter senkrecht ohne Hohlkreuz oder Buckel auf dem Pferd sitzt. Die Gewichtshilfen werden über die Gesäßknochen auf den Pferderücken übertragen. Bei losgelassenem Sitzen sollte der Reiter spüren, wie seine Gesäßknochen (sie befinden sich ziem-

Die Reiterhilfen

Die Reiterin knickt in der äußeren Hüfte ein, zieht die innere Schulter hoch und hält den Kopf schief. Das Gleichgewicht ist für beide dahin.

lich in der Mitte der Pobacken) auf den Sattel drücken. Viele Reiter drücken ihr Gewicht durch Anspannen der Gesäßmuskulatur vom Pferd weg. Hier gilt es, zu entspannen und wirklich das gesamte Gewicht fallen zu lassen bis man den Druck an den Gesäßknochen spürt. Auch in der Bewegung ist dieses Loslassen wichtig.

Es gibt beidseitige und einseitige Gewichtshilfen. Beim Anreiten im Schritt und im Trab und in der Vorwärtsbewegung werden beidseitige Gewichtshilfen gegeben. Der Reiter sitzt senkrecht über der Mitte des Pferdes und beide Gesäßknochen drücken mit gleich viel Gewicht auf den Sattel. In allen Biegungen, dem Galopp und

Die Reiterhilfen

Die Reiterin verlagert ihren Schwerpunkt während der Biegung auf der Zirkellinie korrekt nach innen ohne in der Hüfte einzuknicken.

den Seitengängen werden einseitige Gewichtshilfen gegeben. Der Reiter belastet jeweils die Innenseite des gebogenen Pferdes. Hierbei wird automatisch die äußere Seite entlastet. Es ist darauf zu achten, dass der Reiter nicht in der Hüfte einknickt, weil er versucht, den Oberkörper mehr zu einer Seite zu nehmen. Die Gewichtsverlagerung erfolgt lediglich durch das Zurücklegen des in der Wendung äußeren, verwahrenden Schenkels und damit vermehrte Belasten der inneren Hüfte.

Beim Rückwärtsrichten und im Entlastungssitz wird durch die Gewichtshilfe beidseitig entlastet, das heißt das Gesäß liegt zwar noch am Sattel, beide

Gesäßknochen üben aber keinen Druck aus. Gerade für das Spring- und Geländereiten ist der leichte Sitz zu erlernen, um den Rücken des Pferdes zu entlasten. Eine Gewichtseinwirkung erfolgt hier über die am Sattel liegenden Oberschenkel. Diese wirken vortreibend oder verwahrend.

Das Einknicken in der Hüfte ist ein grober Fehler, der, wenn er sich einmal eingeschlichen hat, nur sehr schwer wieder zu korrigieren ist. Er wird dem Reiter in allen weiteren Lektionen das Leben schwer machen, da das Pferd durch die falsche Gewichtseinwirkung auf der jeweiligen Seite immer schwieriger werden wird. Dies kann sogar zu ungleichen Tritten und deutlichen Balanceproblemen führen, wenn sich die Muskulatur des Pferdes durch die einseitige Belastung verändert hat. Man sollte also immer wieder auf einen Spiegel zureiten und überprüfen, ob man gerade auf dem Pferd sitzt oder zu einer Seite einknickt. Vor allem kann dies allerdings nur im Trab und Galopp festgestellt werden. Hierzu sollte ein Reitlehrer den Sitz des Reiters von vorne und von hinten begutachten. Hat sich der Fehler eingeschlichen, ist er sofort wieder auszumerzen, indem der Reiter die Schulter, die durch das Einknicken tiefer kommt, zur Korrektur extrem nach oben nimmt und die gegenüberliegende nach unten zieht. Gleichzeitig ist zu überprüfen, ob die Hüfte zu einer Seite verrutscht ist. Die hintere Mitte des Reiters sollte mit der Sattelmitte übereinstimmen.

Durch den vermehrt gestreckten Sitz nimmt das ausgebildete Pferd sich auf, seine Tritte werden erhabener - die Wirkung des geheimnisvollen Kreuzanspannens. Foto: Kruck

DIE REITERHILFEN

Das Kreuz anspannen

Neben der eher passiven Gewichtseinwirkung über das Belasten der Gesäßknochen gibt es noch die aktive Form des Kreuzanspannens. Um die Bewegung des Pferdes ausgleichen zu können, ist es notwendig, dass der Reiter seine untere Rückenmuskulatur und sein Becken an- und abspannt. Meist erfolgt das in der Bewegung automatisch, da sich der Reiter so dem Schwingen des Pferderückens anpasst und tief im Sattel zum Sitzen kommt. Beim fortgeschrittenen Reiten sollte aber bewusst auf die Kreuzeinwirkung geachtet werden. Das lockere vorwärtsaufwärts Mitschwingen der Mittelpositur (Hüftbereich des Reiters) ist Voraussetzung für die harmonische Bewegung mit dem Pferd. Elastizität in der Hüfte ist hierfür Grundvoraussetzung. Im Galopp ist es meist selbstverständlich, dass der Reiter in der Hüfte mit nach vorne schwingt. Im Trab wird oft eher steif gesessen. Aber auch hier und im Schritt muss der Reiter losgelassen vorwärts-aufwärts mitschwingen. Um das Pferd mehr vorwärts zu reiten, sollte es bei entsprechender Feinabstimmung genügen, das Anspannen des Kreuzes zu verstärken. Gleichzeitig sollte das verhaltene Sitzen bei gestrecktem Oberkörper das Pferd zum Aufnehmen des Tempos veranlassen. Man kann diese Feinabstimmung mit dem Pferd üben, indem man versucht, es mit immer weniger Zügel- und Schenkelhilfen nur mit dem Gewicht schneller und langsamer zu reiten oder sogar die Gangart zu wechseln. Gleichzeitig kann das Pferd lernen, nur auf die einseitig belastenden Gewichtshilfen nach rechts oder links zu gehen. Anfangs wird der Zügel helfend eingesetzt, später reagiert das Pferd ausschließlich auf die Gewichtshilfe.

Üben kann man dies in allen Gangarten zum Beispiel auf dem Zirkel. Durch vermehrte Belastung auf der inneren Seite des Sattels (die rechte Seite auf der rechten Hand, die linke Seite auf der linken Hand) bei gleichzeitig aktiverem äußeren Schenkel sollte das Pferd den Zirkel verkleinern. Durch vermehrte Belastung auf der äußeren Seite und aktiven inneren Schenkel sollte das Pferd den Zirkel wieder vergrößern. Vor allem im Galopp ist diese Übung wertvoll, weil sie gleichzeitig die Geraderichtung des Pferdes verbessert.

DIE SCHENKELHILFEN

Die Schenkelhilfen werden über das am Pferdekörper liegende, gesamte Bein des Reiters gegeben. Hierbei sollte darauf geachtet werden, dass die Hilfe von oben nach unten gegeben wird. Auch im Oberschenkelbereich treibt der Reiter das Pferd vorwärts. Die Unterschenkel und die Fersen werden im Takt der Pferdebewegung am Pferdekörper an- und abgespannt. Bei einem feinfühligen Pferd ergibt sich der Schenkeldruck fast automatisch ohne zusätzlichen muskulären Einsatz durch das Schwingen in der Bewegung. Bei weniger gut reagierenden Pferden wird der Druck der Schenkel vom Reiter aktiv vermehrt. Dennoch muss die Hilfe stets von einem Entspannen der Muskulatur im Schenkelbereich gefolgt sein. Ein dauerhaftes Zupressen der Schenkel ist fehlerhaft. Die Schenkelhilfen werden rhythmisch im Takt gegeben, da nur im Moment des

Die Reiterhilfen

Ein ausbalancierter Sitz ist die Voraussetzung korrekter Schenkelhilfen. Der Schenkel am Gurt wirkt treibend und/oder biegend ein. In der Bewegung „atmet" der Schenkel am Pferdekörper

Abfußens des Hinterbeines ein Vorwärtsimpuls an das Pferd übermittelt werden kann. Der Reiter muss in allen Gangarten darauf achten, das Abfußen des gleichseitigen Hinterbeines zu erfühlen und genau in diesem Moment die Schenkel anzuspannen.

Auch bei den Schenkelhilfen gibt es beidseitig vortreibende und einseitig vortreibende. Wie bei den Gewichtshilfen werden beidseitige Schenkelhilfen im geraden Vorwärts gegeben und einseitige bei gebogener Vorwärtsbewegung, wobei die äußeren Schenkelhilfen jeweils verwahrend sind. Die vortreibende Schenkelhilfe wird am Gurt gegeben, so dass die Stiefelvorderkante des Reiters mit der Hinterkante des Sattelgurtes abschließt. Der verwahrende Schenkel liegt eine Hand-

Die Reiterhilfen

Der verwahrende Schenkel eine Handbreit hinter dem Gurt wirkt verwahrend oder seitwärts treibend.

breit hinter dem vortreibenden Schenkel und verhindert das Ausfallen der Hinterhand des Pferdes. Er ist je nach Grad des Verwahrens mehr oder weniger passiv.

Zusätzlich kennen wir den seitwärtstreibenden Schenkel, der ebenfalls eine Handbreit hinter dem Sattelgurt angesetzt wird, aber im Gegensatz zum verwahrenden Schenkel stets aktiv bleibt. Er veranlasst das gleichseitige Hinterbein des Pferdes, im Moment des Abfußens seitlich unter den Körper zu treten statt nach vorne zu fußen. Der Reiter muss darauf achten, ob seine Schenkelhilfe entsprechend durchkommt und das Pferd wirklich zur Seite tritt. Tut es dies nicht oder nicht ausreichend, ist die Hilfe kurzzeitig zu verstärken. Seitwärtstreibende Schen-

Die Reiterhilfen

Die aufrecht stehende, geschlossene Zügelfaust ermöglicht eine weiche Verbindung zum Pferdemaul. Zügel und Unterarme verlaufen auf einer Linie. Öfter mal in den Spiegel schauen!

kelhilfen können natürlich nur einseitig gegeben werden. Der gegenüberliegende äußere Schenkel wirkt verwahrend, um ein Ausfallen der Schulter zu vermeiden, oder vortreibend, um die Vorwärtstendenz zu erhalten. Ein Zurückweichen in den Seitengängen ist fehlerhaft.

DIE ZÜGELHILFEN

Die annehmenden Zügelhilfen sollten stets nachrangig sein. Es kann nur so viel mit den Zügeln angenommen werden wie der Reiter mit den vortreibenden Hilfen Engagement in der Hinterhand erzeugt hat. Der allgemeinen Neigung, zu viel mit den Händen zu machen und zu wenig zu treiben, muss stets entgegengewirkt werden. Die annehmenden Zügelhilfen müssen dosiert und vorsichtig gegeben werden, um die Sensibilität des Pferdemaules zu erhalten und keinen Widerstand zu provozieren, bei dem der Reiter immer den Kürzeren zieht. Bei einem korrekt gerittenen Pferd hält der Reiter mit den Zügeln leichte Verbindung zum Pferdemaul.

Die Zügel bleiben dabei elastisch wie ein Gummiband am Maul des Pferdes ohne durchzuhängen. Hierbei kommt es vor allem auf die Hände des Reiters an, die auch in der Bewegung ruhig stehen müssen. Sie dürfen keinesfalls den Bewegungsablauf des Pferdes stören. Je nach Rittigkeit des Pfer-

DIE REITERHILFEN

des müssen immer wieder annehmende Zügelhilfen gegeben werden.

Wenn das Pferd auf leichte Hilfen, wie das Annehmen des Zügels durch Druck mit den Ringfingern (die Fäuste zudrücken, wie beim Schwammausdrücken) nicht reagiert, wird als nächste Stufe die Zügelfaust leicht nach innen gedreht. Ein Ziehen mit den Armen ist nie zu akzeptieren, da dies immer das Wegdrücken des Pferderückens provoziert und damit keine vertrauensvolle Anlehnung erreicht werden kann. Das Gebiss sollte stets auf den Unterkiefer des Pferdes wirken und nicht im Maulwinkel ziehen.

Die annehmenden Zügelhilfen dürfen nur kurzzeitig gegeben werden und müssen von einer nachgebenden Zügelhilfe gefolgt sein. Das Durchhalten des Zügels ist der falsche Weg. Das Annehmen des Zügels erfolgt einseitig in Wendungen und beidseitig bei gerade gestelltem Pferd. Der äußere Zügel in der Wendung ist dabei immer verwahrend, um ein Ausweichen des Pferdes nach außen zu verhindern. Beidseitig annehmende Zügelhilfen kommen beim Durchparieren zum Halt oder von einer höheren zu einer niedrigeren Gangart zur Anwendung. Beidseitig nachgebende Zügelhilfen erfolgen nach beidseitig annehmenden Zügelhilfen und beim Zügel aus der Hand kauen lassen. Hierbei folgt die Reiterhand dem Pferdemaul langsam vorwärts-abwärts, ohne die Verbindung aufzugeben.

Die korrekte Anlehnung kann der Reiter sich nicht durch Handeinwirkung erzwingen. Sie ergibt sich durch Zusammenspiel der treibenden und verhaltenden Hilfen. Nicht die Zügel-, sondern die Kreuz- und Schenkelhilfen herrschen vor!

DIE REITERHILFEN

Ziehender Zügel: Die Nasenlinie des Pferdes gerät hinter die Senkrechte, es „geht auf dem Kopf", tritt nicht mehr unter und hält sich im Rücken fest. Ein fehlerhafter Spaltsitz der Reiterin kommt hinzu.

Durch beidseitig nachgebende Zügel geht das Pferd in Dehnungshaltung: Die Anlehnung bleibt, das Pferdemaul befindet sich bei deutlich gedehntem Hals etwa auf Buggelenkshöhe.

Die Reiterhilfen

Durch den einseitig angenommenen Zügel gibt der Reiter dem Pferd Stellung zu einer bestimmten Seite. Der Zügel darf nie mehr angenommen werden, als dass das Pferd in den ersten zwei bis drei Genickwirbeln zu einer Seite gestellt wird. Der Reiter kann dabei das innere Auge des Pferdes sehen. Es darf keinesfalls so weit abgestellt werden, dass der Hals des Pferdes gebogen wird. Dieser Fehler ist leider weit verbreitet und veranlasst das Pferd dazu, mit der Hinterhand auszuweichen. Um die Stellung einzuleiten, wird der äußere Zügel so viel nachgegeben, wie der innere stellt. In der Abstellung wird wieder mit beiden Zügeln eine elastische Verbindung gehalten, wobei der innere Zügel nur leicht anstehen sollte und nur erneut angenommen wird, wenn das Pferd seinen Kopf zu sehr aus der Stellung nehmen möchte.

ZUSAMMENSPIEL DER HILFEN

Bei der Hilfengebung kommt es nicht nur auf die korrekte Ausführung der einzelnen Hilfen an, vielmehr ist das korrekte Zusammenspiel aller Hilfen ausschlaggebend. Das wirklich gute Reiten beginnt erst, wenn der Reiter gelernt hat, mit seinen Hilfen so zusammenzuwirken, dass er das Pferd ohne Widerstand zur völligen Losgelassenheit anregen kann. Wichtig ist vor allem die Dosierung der Hilfen. Das Pferd soll im Laufe der Ausbildung lernen auf möglichst geringe, unsichtbare Hilfen zu reagieren. Dies erreicht man durch bewusste leichte Dosierung der Hilfen, die bei Nichtbeachtung des Pferdes kurzzeitig verstärkt werden, um dann bei Reaktion des Pferdes sofort wieder zu den leichten Hilfen zurückzukehren. Grobe Hilfen stumpfen das Pferd auf Dauer ab und der Reiter muss immer mehr Kraft oder Hilfsmittel gebrauchen, um das Pferd zum Mitmachen anzuregen. Dem muss entgegengewirkt werden, indem man sich immer wieder daran erinnert, stets zuerst mit leichten Hilfen zu arbeiten.

HALBE PARADE

Halbe Paraden werden fälschlicherweise oft als Zupfen am Zügel bezeichnet, wobei die halbe Parade keineswegs eine Zügelhilfe, sondern das kurzzeitige Zusammenwirken aller Hilfen ist. Sie ist die einzige Art, wie annehmende Zügelhilfen eingesetzt werden dürfen: nur im Zusammenhang mit vortreibenden Hilfen. Die halben Paraden werden vielseitig eingesetzt.

Bei der halben Parade streckt der Reiter kurz seinen Körper und balanciert seinen Oberkörper senkrecht über dem Becken aus, wie Bausteine, die aufeinander gesetzt werden (Kreuzanspannen). Oft reicht dieses Strecken bereits aus, um das Pferd zum vermehrten Untertreten und sich Aufnehmen zu veranlassen. Gleichzeitig schließen sich die Reiterschenkel und verhält die Reiterhand einen Moment in der Bewegung. Dies ist bereits eine halbe Parade, die ein gut gerittenes Pferd dazu bringt, vom Arbeitstrab zurück in den versammelten Trab zu kommen, ohne dass durch Ziehen am Zügel Taktunreinheiten im Bewegungsablauf entstehen.

Die Reiterhilfen

Als Vorbereitung zum Übergang in den Schritt werden unsichtbare halbe Paraden gegeben.

Auf vermehrtes Strecken und Kreuzanspannen der Reiterin nimmt das Pferd mehr Last mit der Hinterhand auf.

Die Reiterhilfen

... und wechselt bei weicher Anlehnung in taktreinen Schritt.

DIE REITERHILFEN

Die ganze Parade wird mit halben Paraden vorbereitet. Das korrekte Halten auf allen vier Beinen ist das Ziel. Korrekturen erfolgen grundsätzlich nach vorn.

Beim Übergang von einer höheren Gangart in eine niedrigere wird die Kreuzhilfe etwas kräftiger ausfallen, aber ebenso das Pferd weich zurück in die neue Gangart führen. Bei der halben Parade ist immer darauf zu achten, dass sie nur kurz angewandt wird, auch wenn die gewünschte Reaktion des Pferdes noch nicht eingetreten ist. In diesem Fall werden die halben Paraden solange wiederholt, bis sich das Pferd aufnehmen lässt.

Die halben Paraden wendet der Reiter ständig an, um das Pferd in die Anlehnung zu holen, ihm Stellung und Biegung zu geben, das Tempo zu regulieren, die Haltung zu verbessern, Lektionen einzuleiten, aufmerksam auf einen Sprung zu machen und bei vielen anderen Gelegenheiten. Sie sind das wichtigste Kommunikationsmittel zwischen Pferd und Reiter. Auf ihre korrekte Ausführung ist deshalb größter Wert zu legen.

GANZE PARADE

Die ganze Parade bedeutet immer ein Durchparieren zum Halt. Sie wird stets aus mehreren halben Paraden zusammengesetzt. Der Reiter bereitet die ganze Parade durch mehrere halbe Paraden vor, bis das Pferd zum Stehen kommt.

Würde er einfach am Zügel ziehen, würde sich das Pferd entziehen und abrupt auf der Vorhand bremsen, anstatt vermehrt unterzutreten und gesetzt zum Halten zu kommen.

DIE REITERHILFEN

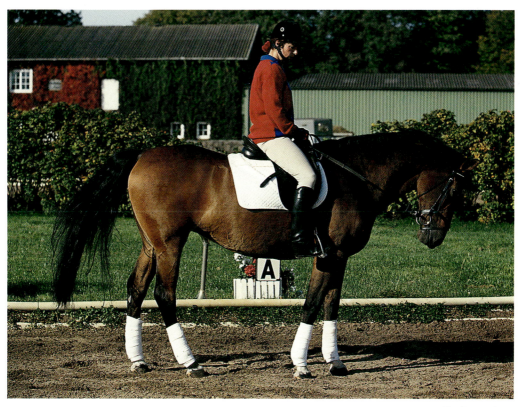

Durch zu starke Handeinwirkung kommt das Pferd bei der ganzen Parade auf die Vorhand. Nachgeben mit dem Zügel ist wichtiger als Annehmen.

HILFENGEBUNG IN DER BEWEGUNG

IM SCHRITT

Im Schritt ist es relativ einfach korrekt zu sitzen, da sich das Pferd schwunglos bewegt. Dennoch ist hier darauf zu achten, dass der Reiter in der Mittelpositur, also im Hüftbereich, weich mitgeht und das Pferd damit zum entschiedenen Vorwärtstreten anregt. Man sollte beim Schrittreiten im Gelände auf seinen Sitz achten.

Hier gehen die meisten Reiter genügend in der Bewegung mit, weil das Pferd mit mehr Elan vorwärts schreitet. Allerdings darf die Einwirkung nicht übertrieben erfolgen, da das Pferd sonst zu eiligen, kurzen Tritten animiert wird. Das Pferd muss schreiten, ruhig und erhaben treten. Je ruhiger das Pferd schreitet, umso länger werden die Schritte, und der Raumgriff verbessert sich.

Weiche Anlehnung und deutliche Rahmenerweiterung bei mitgehender Hand und korrekter Schenkellage der

Weiche Anlehnung und deutliche Rahmenerweiterung bei mitgehender Hand und korrekter Schenkellage der Reiterin sind das A und O des dressurmäßigen Schrittreitens.

HILFENGEBUNG IN DER BEWEGUNG

Reiterin sind das A und O des dressurmäßigen Schrittreitens.

Die Schenkel bleiben gleichmäßig am Pferdekörper liegen und drücken abwechselnd rechts und links. Wenn der Reiter seine Schenkel völlig locker lässt, wird er spüren, wie sie von alleine abwechselnd an den Pferdekörper fallen. Dies ist der richtige Takt, der sich von alleine durch die Kontraktion und Streckung der Längsseite des Pferdes in der Bewegung ergibt. Anfangs kann der Reiter seine treibenden Hilfen auch kontrollieren, indem er auf das Abfußen der Vorderbeine achtet. Er treibt jeweils in dem Moment auf der Seite, auf der das gleichseitige Vorderbein gerade zurückgeht (also vor dem nächsten Abfußen am Boden ist), weil unmittelbar darauf das entsprechende Hinterbein abfußt, welches er ja mit seinen treibenden Hilfen unterstützen will. Stark vortreibende Hilfen mit den Schenkeln sind zu vermeiden, da das Pferd hier leicht aus dem korrekten Schritttakt kommt, was ein gravierender Fehler ist.

Die Hände müssen dem Pferd im Schritt optimale Halsfreiheit geben. Der Pferdehals muss im Schritt völlig entspannt und lang sein. Es gibt kein Arbeitstempo im Schritt, sondern ausschließlich Mitteltempo, bei dem immer Rahmenerweiterung gefordert wird. Viele Reiter, gerade Anfänger, neigen dazu, ihr Pferd im Schritt vermehrt an die Zügel zu stellen, um die Anlehnung zu verbessern oder weil sie es in den höheren Tempi überhaupt noch nicht an die Hilfen stellen können. Hiervor muss ausdrücklich gewarnt werden. Durch ein Engmachen des Pferdes im Schritt kann es sehr leicht passieren, dass das Pferd in passartigen Takt verfällt, was nur sehr schwer zu korrigieren ist.

Im Schritt geht der Reiter mit den Händen und Armen nach vorne in der Bewegung mit. Das kann so weit gehen, dass die Arme völlig durchgestreckt werden, um dem Pferd die optimale Halsfreiheit zu geben. Allerdings behält auch der längere Zügel die ursprüngliche Verbindung zum Pferdemaul.

IM TRAB

Leichttraben

Der Reiter soll möglichst wenig aufstehen und sich lediglich vom Schwung des Pferdes hochheben lassen. Es reicht, wenn das Gesäß - je nach Schwung des Pferdes - wenige Zentimeter aus dem Sattel kommt. Ein aktives Hochdrücken des Körpers ist falsch. Beim Einsitzen fängt der Reiter sein Gewicht weich mit den in den Steigbügeln abgestützten Beinen ab und gleitet vorsichtig in den Sattel. Er verweilt einen Moment bei losgelassener Hüfte und angespanntem Kreuz im Sattel, um sich im nächsten Moment wieder vom Pferd weich aus dem Sattel heben zu lassen. Beim Leichttraben treibt der Reiter im Moment des Einsitzens mit Gewicht und Schenkeln. Wenn er in den Sattel gleitet, schließt er gleichzeitig seine Schenkel und schiebt sie dabei möglichst weit rückwärts-abwärts, ohne jedoch die Fersen vom Pferd wegzudrücken. Das Treiben der Schenkel erfolgt vom Oberschenkel in Richtung Ferse. Der Reiter schließt seine Oberschenkel, Knie, Unterschenkel und die Absätze während jedes Einsitzens.

HILFENGEBUNG IN DER BEWEGUNG

Leichttraben auf dem rechten Hinterfuß: geht das linke Vorderbein vor, lässt die Reiterin sich wenige Zentimeter aus dem Sattel heben.

Beim Einsitzen schließt die Reiterin Oberschenkel, Knie und Unterschenkel und wirkt darüber hinaus durch das Gewicht im Sattel vortreibend. Die weiche Verbindung zum Pferdemaul bleibt die ganze Zeit erhalten.

HILFENGEBUNG IN DER BEWEGUNG

Die Gewichtshilfen werden über die Gesäßknochen auf den Pferderücken übertragen. Hier reicht in der Regel der Schwung aus, mit dem der Reiter sein Gewicht in den Sattel bringt, um das Pferd vorwärts zu treiben. Es ist darauf zu achten, dass man weder in einen Stuhl- noch in einen Spaltsitz gerät. Das Gewicht des Reiters ruht im Moment des Einsitzens korrekt auf dem Sitzdreieck.

Die Arme und Hände halten weiche Verbindung zum Pferdemaul, wobei die Linie Ellbogen-Hände-Zügel-Pferdemaul gerade bleibt. Das Aufstehen und Einsitzen des Rumpfes wird lediglich durch sich öffnende und schließende Ellbogengelenke ausgeglichen. Ein Mitnehmen der Hände beim Aufstehen, wie man es oft sehen kann, ist fehlerhaft.

Aussitzen

Beim Aussitzen kommt es vor allem auf das Mitschwingen in der Mittelpositur an. Wenn der Reiter gelernt hat, sich den Pferdebewegungen weich anzupassen, kann er beginnen, innerhalb des federnden Mitgehens vermehrt mit der Hüfte nach vorne zu schieben, um das Pferd zum deutlicheren Untertreten anzuregen. Er muss jedoch aufpassen, hier nicht fälschlicherweise Muskelkraft einzusetzen und seinen losgelassenen Sitz zu verlieren. Das Geheimnis ist die elastische Spannung des Körpers. So wie der Begriff selbst schon ein Widerspruch in sich ist, ist es auch schwierig zu erklären, wie der Körper des Reiters einerseits weich und federnd bleiben soll und andererseits mit einer leichten Anspannung das Pferd treiben soll. Es bedarf

Das Mitschwingen der Mittelpositur ist nicht mit dem verbreiteten „Schubsen" mit dem Kreuz zu verwechseln. Die elastische Körperspannung des Reiters, die das Pferd zu schwungvollen Tritten in losgelassener Selbsthaltung befähigt, ist ein Ergebnis jahre- und jahrzehntelanger Übung!

Hilfengebung in der Bewegung

hier ausgiebiger Schulung und Konzentration des Reiters, die sich aber auf jeden Fall lohnt, da dies für alle Sparten der Reiterei unerlässlich ist. Wenn der Reiter so weit ist, dass er das Pferd wirklich am Kreuz halten und vortreiben kann, wird er dies sofort merken, da es ein besonderes Gefühl der völligen Beherrschung des Pferdes durch leichteste Hilfen vermittelt.

Die Schenkel treiben beim Aussitzen entgegen dem Leichttraben nicht mehr nur jeden zweiten Takt, sondern jedes abfußende Beinpaar. Der Reiterschenkel liegt hierbei mit lockerem Knie gleichmäßig am Pferd und wird im Takt der Bewegung an den Pferdekörper gedrückt. Ein Klammern des Schenkels ist falsch. Die Intensität des Schenkeldruckes bis hin zum kurzzeitigen Klopfen (allerdings immer nur im Takt der Bewegung) richtet sich nach dem Engagement des Pferdes in der Vorwärtsbewegung.

Grundsätzlich ist hier zu sagen, dass der Reiter mit möglichst wenig Aufwand treiben sollte, um das Pferd sensibel auf leichteste Hilfen zu machen. Reagiert es aber nicht auf die leichten Hilfen, werden die Hilfen verstärkt bis sich eine Reaktion zeigt, dann wird sofort wieder mit leichten Hilfen gearbeitet. Der Reiter muss ständig darauf achten, wie gut oder schlecht das Pferd seine Hilfen annimmt, und seine Hilfengebung darauf abstimmen.

Die Hände des Reiters sollen beim Aussitzen möglichst ruhig bleiben. Es bedarf dazu Elastizität in den Schultern und Ellbogengelenken, die den Schwung des Pferdes so abfangen müssen, dass die Unterarme und Hände des Reiters unabhängig von der Bewegung ruhig bleiben. Das Mitschwingen der

Der Galopp wird in Innenstellung geritten, die Reiterin sitzt vermehrt auf dem inneren Gesäßknochen, der als Gewichtshilfe treibend wirkt.

Hände aus der Bewegung heraus ist falsch. Zügelhilfen dürfen nur kontrolliert bei Bedarf gegeben werden.

Wenn die Arme stark schlackern, kann der Reiter immer wieder wie beim Schwammausdrücken seine Fäuste zudrücken, da er hierdurch seine Unterarmmuskulatur anspannt und die Hände anfangs besser ruhig halten kann als wenn die Unterarme und Handgelenke schlaff sind.

IM GALOPP

Im Galopp wird das Pferd in Innenstellung geritten, deshalb belastet der Reiter vermehrt den inneren Gesäßknochen und entlastet gleichzeitig den äußeren. Das Gewicht des Reiters kommt losgelassen hauptsächlich auf dem inneren Gesäßknochen zum Vortreiben im Sattel, allerdings ohne im Sattel zu rutschen. Der Reiter sitzt, als wäre er mit dem Sattel verwachsen, und schiebt mit seiner inneren Hüfte sozusagen den Rücken des Pferdes in Richtung innere Maulseite des Pferdes. Die Hüfte muss während des gesamten Galoppsprunges nach vorne mitgehen und darf keinesfalls nur kurz den Galoppsprung andeuten. Der Oberkörper bleibt dabei aufgerichtet und gestreckt. Die äußere Schulter darf nicht zurückhängen. Das Vorschieben erfolgt lediglich aus der Hüfte, nicht, wie oft zu sehen, aus dem Schulterbereich. Der Reiter hat dabei das Gefühl, sein Oberkörper kippt bei jedem Galoppsprung nach hinten.

Um das Pferd fleißiger zu machen, wird nicht mit mehr Kraft vorwärts getrieben, sondern der Takt vortreibender Hilfen etwas beschleunigt. Aller-

Ein Galoppsprung hat sechs Phasen - in jeder bleibt der Reiter geschmeidig und tief im Sattel sitzen.

Hilfengebung in der Bewegung

Die Reiterin sitzt gestreckt mit gut am Pferd liegenden Schenkeln. Ihre Hände gehen in der Bewegung des Pferdes weich mit. Foto: Busch

Der innere Schenkel löst jeden Galoppsprung wie ein erneutes Angaloppieren aus. Foto: Busch

HILFENGEBUNG IN DER BEWEGUNG

Das Pferd steht im Galopp korrekt an den Hilfen. Bei der Reiterin ist allerdings der hochgezogene Schenkel und das Hohlkreuz zu verbessern.

dings ist immer darauf zu achten, dass die Galoppsprünge des Pferdes möglichst lang und raumgreifend sind, so dass die Beine des Pferdes in der Schwebephase möglichst lange in der freien Schwebe bleiben. Kurze und schnelle Galoppsprünge sollen vermieden werden.

Der innere Schenkel liegt vortreibend am Gurt und löst jeden Galoppsprung erneut wie beim Angaloppieren aus. Die Wade drückt im Takt losgelassen an den Pferdekörper. Der äußere Schenkel liegt verwahrend hinter dem Gurt. Er verhindert das Ausweichen der Hinterhand. An offenen Seiten wird er aktiver eingesetzt als auf dem Hufschlag, wo das Pferd ja durch die Bande begrenzt wird. Die Intensität ist abhängig vom Engagement des Pferdes. Normalerweise reicht ein leichtes Andrücken der Schenkel am Pferdekörper. Wenn das Pferd auszufallen droht, kann aber durchaus ein kurzes Klopfen der Schenkel vonnöten sein, um den Galopp wieder vermehrt anzuregen.

Die Zügelhilfen stellen das Pferd leicht zur inneren Seite. Der innere Zügel wird angenommen, bis der Reiter das innere Auge des Pferdes sehen kann. Der äußere wirkt verwahrend. Beide Hände gehen weich im Galopptakt mit nach vorne, um Dehnung des Pferdehalses im Galopp zuzulasse

HILFENGEBUNG IN DER BEWEGUNG

Mit tiefer Hand stellt die Reiterin das Pferd leicht nach innen ab. Ihre Mittelpositur (Hüftbereich) geht elastisch in der Bewegung mit.
Foto: Busch

Das Pferd fällt auseinander und springt erst über einige Tritte „Schlachtertrab" in den Galopp.

ZUSÄTZLICHE HILFEN

STIMME

Die Stimme des Reiters sollte das wichtigste Hilfsmittel neben den reiterlichen Hilfen sein. Das Pferd kann durch die Stimme des Reiters beruhigt, aufgemuntert und gelobt werden. Die meisten Pferde lernen bereits zu Beginn ihrer Ausbildung die Stimme ihres Ausbilders beim ersten Anlongieren zu akzeptieren. Der Reiter sollte sein Pferd mit der Stimme loben, wenn es etwas gut gemacht hat, oder es beruhigen, wenn es Angst hat, scheut oder sich aufregt.

Sinnvoll kann auch das Zungenschnalzen sein, um das Pferd dazu anzuregen, seine Hinterbeine mehr zu engagieren und mehr unterzutreten oder im Galopp vermehrt durchzuspringen. Hierzu muss das Pferd allerdings gelernt haben, auf die Stimme des Reiters ausschließlich mit vermehrtem Untertreten zu reagieren, ohne sich aufs Gebiss zu legen. Dies sollte geübt werden, indem der Reiter mit der Zunge schnalzt und gleichzeitig das Pferd abfängt, wenn es losstürmen will. Wenn es dann loslässt und nicht gegen die Hand drückt, wird es gelobt. Die Übung sollte nach zwei- bis dreimaliger korrekter Ausführung abgebrochen werden. Wichtig ist allerdings, dass der Reiter die Stimme nur gezielt einsetzt und nicht ständig mit der Zunge schnalzt, weil das Pferd dann abstumpft.

GERTENEINSATZ

Das Pferd sollte mit der Reitgerte niemals geschlagen werden. Die Gerte dient nicht zum Strafen, sondern ausschließlich zum Anregen der Vorwärtsbewegung und in der Dressur zum gezielten Engagieren einzelner Beine. Aus diesem Grunde sollten auch temperamentvolle Dressurpferde an den Gertengebrauch gewöhnt werden. Beim Springen hilft sie, das Pferd in der Vorwärtsbewegung zu halten oder im Absprung den letzten notwendigen Impuls zu geben. Jedoch ist vor übertriebenem Gebrauch der Gerte zu warnen, weil sie das Pferd abstumpft. Am besten ist es, nicht die gesamte Trainingseinheit mit der Gerte zu reiten, sondern diese auf die Bande zu legen und nur zeitweise für spezielle Übungen zu benutzen. Der Reiter sollte keinesfalls seine Hilfengebung mit der Gerte ersetzen, sondern sie immer nur ergänzen. Man kann die Sensibilität auf die Schenkel nicht durch den Gerteneinsatz ersetzen.

SPORENEINSATZ

Sporen sind durchaus sinnvoll, um die Feinabstimmung des Pferdes zu gewährleisten, solange sie bedacht benutzt werden. Ein ständiges Anstechen des Pferdes führt lediglich zu einer Unempfindlichkeit gegen immer

Zusätzliche Hilfen

Hilfen, nicht Strafe! Sporen und Gerte - korrekt eingesetzt - verfeinern die Hilfengebung.

schärfere Sporen, wenn nicht sogar zu offenem Widerstand des Pferdes.

Junge Pferde sollten von Anfang an darin geschult werden, auf die leichten Hilfen des Reiterschenkels zu achten. Wenn dann keine Reaktion erfolgt, sollte der Reiter kurzzeitig seine Hilfe mit einem leichten Andrücken des Sporns verstärken. Sobald das Pferd die gewünschte Reaktion zeigt, wird aber sofort wieder mit der Wade getrieben. Hierzu ist es erforderlich, dass der Reiter einerseits die Lage seiner Waden stets unter Kontrolle hat (der Sporn darf nicht automatisch ans Pferd kommen) und zum anderen konzentriert auf das Durchkommen seiner Hilfen achtet. Nur dann ist gewährleistet, dass sein Pferd auch auf Dauer sensibel auf Schenkelhilfen reagiert.

Bei bereits verrittenen Pferden sollte ebenfalls durch die unterschiedliche Dosierung der Hilfen versucht werden, diese wieder auf leichte Hilfen ohne scharfe Sporen einzustellen. Hier kann die Korrektur jedoch lange dauern.

REITER-GEFÜHL

Der Reiter muss lernen, wann er seine Hilfen geben muss und in welcher Kombination, um das Pferd zum Loslassen zu bringen. Hierzu ist es notwendig, genau auf die Reaktionen des Pferdes zu achten. Es soll sich wohl fühlen und willig mitarbeiten. Da jedes Pferd unterschiedlich ist und es kein allgemein gültiges Rezept gibt, wie jedes Pferd zu reiten ist, muss der Reiter selbst oder mit Hilfe eines Reitlehrers herausfinden, wie sein Pferd am besten mitmacht.

Das Reitergefühl ist nach dem Erlernen der Technik der Hilfengebung ein wesentlicher Aspekt auf dem Wege, ein guter Reiter zu werden. Es reicht nicht, nur die richtigen Hilfen zu geben, der Reiter muss auch fühlen, wann welche Hilfen in welcher Stärke richtig sind. Außerdem muss er lernen, die Hilfen so zu kombinieren, dass er dem Pferd harmonisch verständlich machen kann, was er von ihm möchte.

Der Reiter sollte während der Reitstunden darauf achten, wann er vom Reitlehrer aufgefordert wird, bestimmte Hilfen zu geben. Wenn sein Pferd dazu neigt, auseinander zu fallen und lang zu werden, müssen sicherlich immer wieder halbe Paraden gegeben werden, um die Haltung des Pferdes wieder zu verbessern.

Wenn das Pferd dazu neigt, davonzustürmen, ist es sicherlich sinnvoll, es

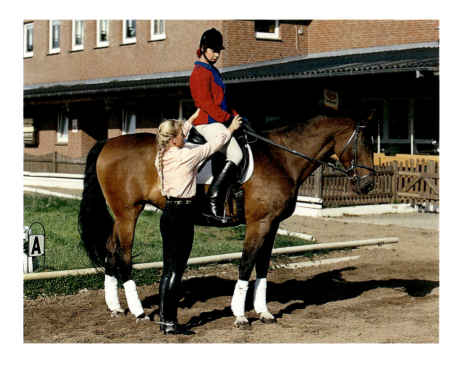

Jeder Mensch lernt anders. Sitzkorrekturen auf dem Pferd schärfen das Bewusstsein für das Zusammenspiel der Reiterhilfen.

Reitergefühl

Die Korrekturen des Reitlehrers sollen auf jeden einzelnen Schüler individuell abgestimmt sein. Massenabfertigung bringt nichts.

immer wieder vermehrt zu setzen und Übergänge zu reiten. Der Reiter sollte nachdenken, wo seine Probleme liegen und wo die Probleme des Pferdes liegen, und sich in jeder Reitstunde speziell auf diese Probleme konzentrieren.

Wie bereits erwähnt, ist es notwendig, die Hilfen richtig zu kombinieren, um ein gutes Ergebnis zu erzielen. Hier muss vor allem auf die Neigung der meisten Reiter, zu viel mit den Händen einzuwirken, hingewiesen werden. Viele Reiter reiten mit mehr Zügeleinwirkung als Kreuz- und Schenkelhilfen. Dem sollte man stets selbst entgegenwirken. Korrekturen sind hier meist nach einiger Zeit wieder vergessen und der Reiter beginnt langsam, wieder mehr an den Zügeln zu ziehen. Hier ist der Reiter selbst gefordert. Er sollte sich ständig die Frage stellen, ob er nicht noch ein wenig weicher mit der Hand werden könnte und sollte stets versuchen nachzugeben. Gleichzeitig muss ständig darauf geachtet werden, die Hinterhand des Pferdes mit den vortreibenden Hilfen genügend zu aktivieren. Es bedarf der ständigen Selbstkontrolle des Reiters, um gleich bleibenden Erfolg zu erzielen.

Reiten ist nicht nur eine Sportart, sondern in erster Linie die Partnerschaft zwischen Mensch und Tier. Deshalb ist das Vertrauen zwischen Mensch und Tier das oberste Gebot. Pferde, die sich vom Menschen korrekt behandelt fühlen und deren Reiter Einfühlungsvermögen und Verständnis zeigen, haben wesentlich mehr Freude an der Arbeit, was sich in Leistungsbereitschaft und positiven Ausbildungsergebnissen niederschlägt.

Wie Menschen brauchen Pferde viel Lob. Sie freuen sich, wenn sie ihre Aufgabe gut erfüllt haben und der Reiter sie hierfür belohnt. Sie werden diese Aufgabe dann auch gerne wiederholen, in Erinnerung an das positive Erlebnis. Allerdings bleiben auch negative Erlebnisse im Gedächtnis der Pferde. Wenn sie eine bestimmte Lektion

REITERGEFÜHL

So wichtig! Lob kann viele Gesichter haben. Worte, Klopfen oder nach einer gelungenen Lektion sofort mit den Zügeln nachgeben. Ob unser Pferd stolz auf sich ist, liegt auch an uns!

nicht korrekt ausgeführt haben, weil diese vielleicht vom Reiter noch nicht genügend vorbereitet war oder der Reiter seine Hilfen nicht eindeutig gegeben hat, und vom Reiter bestraft werden, wird sich diese Lektion beim Pferd zu einer Angstlektion entwickeln, die es auch später mit dem negativen Erlebnis in Verbindung bringen wird. Als Korrektur sollte also die Lektion, oder eine einfachere Abwandlung davon, ruhig und geduldig solange wiederholt werden, bis das Pferd sie besser (nicht perfekt) ausgeführt hat. Dann wird gelobt und das Üben dieser Lektion für diesen Tag beendet. Das Pferd hat so kein negatives Erlebnis und wird die Lektion nächstes Mal vielleicht schon besser ausführen.

Eine unerlässliche Eigenschaft des Reiters ist die Geduld. Viele Reiter gehen davon aus, dass das Pferd sofort in der Lage ist, alle geforderten Aufgaben auszuführen, wenn es nur die Hilfen hierzu erhält. In der Realität muss das Pferd auf jede Lektion und Gangart durch kontinuierliche Gymnastizierung vorbereitet werden. Es muss die entsprechenden Muskeln aufbauen und sich in erhabener Haltung ausbalancieren. Nur wenn Lektionen genügend vorbereitet sind und das Pferd körperlich in der Lage ist, diese auszuführen, wird es auch nicht mit Widerstand reagieren und sich Schritt für Schritt an die neue Aufgabe heranführen lassen.

Der Reiter muss ein Gefühl dafür entwickeln, wozu sein Pferd momentan in der Lage ist und wann er es überfordert. Gerade ungeduldige Reiter neigen dazu, das Pferd zu überfordern und damit seinen Widerwillen hervorzurufen. Grundsätzlich gilt: Alles was zu tun das Pferd nicht ohne Gewalteinwirkung bereit ist, ist zu früh für das Pferd. Zum Beispiel ist es nicht möglich, mit einem noch zu wenig gesetzten und im Gleichgewicht befindlichen Pferd Seitengänge zu reiten. Ein gewaltsames Herumziehen des Pferdes wird hier nicht zum Erfolg führen.

ÜBERGÄNGE REITEN

Zuerst werden die Übergänge zum Halten aus dem Schritt geübt, später auch aus dem Trab und dem Galopp.

Eines der wichtigsten Kriterien für das Training des Pferdes ist das Reiten von Übergängen, da sich hier die Rittigkeit und Durchlässigkeit des Pferdes verbessert. Das Reiten von Übergängen fördert weiter die Versammlungsbereitschaft und auch die Schwungentfaltung des Pferdes. Aus diesem Grunde sollten Übergänge stets ein Bestandteil der täglichen Arbeit sein.

SCHRITT – HALT

Einer der einfachsten Übergänge ist das Anreiten aus dem Halt und das Durchparieren zum Halt. Das Antreten kann bei faulen Pferden verzögert erfolgen. Hier sollte die Sensibilität auf die vortreibenden Schenkel durch kurzzeitige energische Schenkelhilfen verbessert werden. Der Reiter legt die Schenkel leicht an und klopft einmal energisch mit den Schenkeln beziehungsweise benutzt kurz die Sporen, wenn das Pferd nicht sofort auf die leichte Hilfe antritt. Danach werden wieder leichte Hilfen gegeben.

Beim Durchparieren muss darauf geachtet werden, dass das Pferd nicht mit den Zügeln gebremst wird, sondern durch halbe Paraden zum Halten kommt. Allein das Strecken des Oberkörpers und Stillhalten der Hüfte bei

ÜBERGÄNGE REITEN

So sollten die Übergänge nicht aussehen. Die Reiterin steht im Bügel und das Pferd drückt den Rücken weg. Die Reiterin sollte im Übergang nicht zum Ziehen kommen.

Durch vortreibende Hilfen regt die Reiterin das Pferd im Übergang an, mit der Hinterhand unter den Schwerpunkt zu treten. Foto: Busch

ÜBERGÄNGE REITEN

*Der Reiter sitzt gut im Pferd und bereitet das Halten mit halben Paraden vor. Die Hinterhand tritt deutlich unter.
Foto: Busch*

geschlossenen Schenkeln bringt ein gut gerittenes Pferd zum Halten. Die Zügel sollten unmittelbar nach dem Anhalten nachgegeben werden und dem Pferd das Abkauen und Fallenlassen des Halses ermöglichen. Grundsätzlich lässt der Reiter das Pferd solange halten, bis das Pferd ruhig auf allen vier Beinen steht und sein Genick hergibt.

Wenn das Pferd sich während des Durchparierens frei macht, sollte der Reiter zur Übung das Halten nur andeuten und sofort wieder mit vortreibenden Hilfen weiterreiten, dabei achtet er auf das Durchstellen des Pferdes. Er erlaubt dem Pferd nur stehen zu bleiben, wenn es nicht gegen die Hand drückt. Nach einigen geduldigen Versuchen wird das Pferd während der ganzen Paraden willig am Gebiss bleiben und der Reiter kann es loben und die Übung abbrechen. Bei Pferden mit Taktproblemen im Schritt sollte diese Übung nur im Trab geritten werden, da der Schritttakt keinesfalls gefährdet werden darf.

Zur Korrektur der Anlehnung nach der ganzen Parade kann der Reiter bei einem sich gegen den Zügel wehrenden Pferd unmittelbar nach dem Anhalten die Zügelhilfe solange durchhalten, bis es seinen Kopf fallen lässt. Er darf jedoch nicht an den Zügeln ziehen, sondern diese nur verwahren. Wichtig sind dabei die gleichzeitig vortreibenden Hilfen. Nimmt das Pferd seinen Kopf noch mehr nach oben, nimmt der Reiter die Zügel ein klein wenig fester an, dehnt sich das Pferd abwärts, werden die Zügel proportional zum Tiefernehmen des Halses nachgegeben, bis es den Hals willig fallen lässt. Dann wird

ÜBERGÄNGE REITEN

Das Pferd kommt völlig korrekt geschlossen und mit untergestellten Hinterbeinen zum Stehen.
Foto: Busch

beidseitig nachgegeben und gelobt. Durch diese Methode lernt das Pferd, dass die Anlehnung stets angenehmer wird, wenn es sein Genick tiefer nimmt bis zur korrekten Anlehnung, und dass das Strecken des Halses nach oben immer unangenehmer wird.

Grundsätzlich ist jedoch darauf zu achten, dass das Pferd im Halten nicht zu tief und eng eingestellt wird. Der Hals soll nach vorne entspannt sein und das Pferdemaul darf nicht tiefer kommen als auf Buggelenkshöhe. Oft entzieht sich das Pferd der Anlehnung im Halten, weil es in eine unangenehme enge Haltung gezwungen wird. Dies darf auf keinen Fall geschehen. Im Gegenteil muss das Halten dem Pferd so angenehm wie möglich gemacht werden, weil es dann gerne und willig zum Stehen kommt.

Geschlossenes Stehen

Das geschlossene Stehen wird durch das Untertreten des Pferdes im Moment der ganzen Parade und das gleichzeitige Nachtreiben des Reiters erreicht. Eine spätere Korrektur mit der Gerte, um einzelne Beine des Pferdes nachtreten zu lassen, kann anfangs hilfsweise benutzt werden, um dem Pferd zu vermitteln, was von ihm verlangt wird. Wenn das Schließen der Beine allerdings ausschließlich mit der Gerte erreicht wird, ist dies falsch, da das Pferd hierdurch nur nervös wird und Schwierigkeiten mit dem ruhigen Stehen macht. Und es wird nur ein mechanisches Schließen der Beine und kein Untertreten und Lastaufnehmen der Hinterhand erreicht.

Um die Hinterbeine des Pferdes unter den Schwerpunkt zu holen, muss der Reiter das Pferd vor der Parade zum Halten vermehrt aufnehmen und die Hinterhand bereits jetzt mehr heranholen.

Es empfiehlt sich, das Tempo kurz vor dem Halten bis zur Versammlung aufzunehmen, um ein Bremsen auf der Vorhand zu verhindern. Während des Haltens sorgt der Reiter mit ruhig anstehenden Zügeln für das Aufrichten des Pferdekopfes. Durch die Aufrichtung im Halten kann das Pferd mehr untertreten und gesetzter zum Halten kommen.

Der Reiter muss während des Haltens durch vortreibende Hilfen die Hinterbeine anregen, noch einen Tritt weiter vorzutreten. Hierdurch treten diese unter den Pferdekörper und das Pferd wird die Beine automatisch geschlossen nebeneinander stellen, um sich auszubalancieren. Die Hüfte des Reiters muss die untertretenden Hinterbeine vorlassen, das heißt man spürt, wie zuerst das eine, dann das andere Hinterbein unter den Schwerpunkt tritt und dabei die Hüfte leicht nach vorne geschoben wird.

Um dies zu üben, lässt der Reiter das Pferd jeweils im Halten mit der Hinterhand nochmal vortreten. Nur wenn es die Schenkelhilfen hierbei nicht annimmt, unterstützt der Reiter die Hilfen kurzzeitig mit Gerte oder Sporen.

Der Zügel federt dabei weich ab, wenn sich das Pferd auf den Zügel legt. Das Herunterziehen des Pferdes während des Haltens ist ein weit verbreiteter Fehler. Im Halten soll das Pferd möglichst aufgerichtet bleiben, um auch während der ganzen Parade Aufwärtstendenz zu erhalten.

Zur Übung kann das Halten nur angedeutet werden und die Hinterhand zum weiteren Vortreten angeregt werden. Dies ergibt dann ein bis zwei Tritte auf der Stelle mit sofortigem erneuten Anreiten.

Wenn die Beinstellung mit der Gerte korrigiert wird, führt dies ein Helfer am Boden aus. Er tickt das zurückstehende Hinterbein kurz an. Das Pferd wird sofort gelobt, wenn es reagiert. Hierbei ist es nicht wichtig, dass das Pferd das Hinterbein genau auf Höhe des anderen Beines stellt, sondern nur, dass es vortritt. Eine Korrektur mit der Gerte sollte auch jeweils nur einmal vorgenommen werden, um das Pferd nicht zu verunsichern. Das korrekte Schließen kommt mit der verbesserten Balance von allein. Ein übertriebenes Korrigieren würde das Pferd nicht verstehen. Dieses würde sich nur negativ auswirken.

TRAB – SCHRITT

Die Übergänge vom Trab zum Schritt sind im Verhältnis sehr einfach. Zum Antraben ist es wichtig, das Pferd sensibel auf die vortreibenden Hilfen einzustellen. Zum Durchparieren zum Schritt sollte es genügen, dass der Reiter seinen Oberkörper streckt und mit der Hüfte und den Schenkeln bei ruhig stehender Hand verhaltend einwirkt. Der Reiter muss aufpassen, dass er nicht zu lange einwirkt und das Pferd bis zum Halt zurücknimmt. Bereits während des Übergangs beginnt der Reiter, mit vortreibenden Hilfen im Schritttakt einen freien, gleichmäßigen Mittelschritt herauszureiten. Die Übergänge sollen möglichst fließend und ohne Unterbrechung im Vorwärts gelingen.

ÜBERGÄNGE REITEN

TRAB – HALT

Das Antraben aus dem Halten bedarf der sensiblen Reaktion des Pferdes auf die vortreibenden Schenkel. Außerdem sollte das Pferd während des Haltens nicht auseinander fallen, sondern an den vortreibenden Hilfen bleiben. Der Reiter hält die Schenkel während des Haltens geschlossen, um das Pferd jederzeit nach vorne anreiten zu können. Ein Rückwärtsweichen ist als Fehler zu bezeichnen. Beim Übergang vom Trab zum Halt wird wie beim Halten aus dem Schritt vorgegangen. Wichtig ist hierbei das vermehrte Aufnehmen des Pferdes im Trab vor dem Übergang. Der Reiter muss darauf achten, dass er während des Haltens nicht mit dem Oberkörper nach vorne fällt oder seine Schenkel nach vorne rutschen. Diese werden gleichmäßig um den Pferdekörper geschlossen gehalten.

GALOPP – TRAB

Das Angaloppieren aus dem Trab erfolgt über eine geschmeidige Galopphilfe aus der elastisch mitgehenden Hüfte und den Schenkeln. Galoppauslösend sollten hierbei die vorschiebende innere Hüfte und der innere Schenkel sein. Beim Übergang vom Galopp zum Trab ist es wichtig, dass kein Taktverlust oder Stocken auftritt. Das Pferd soll möglichst geschmeidig vom Galopp direkt in den Trab übergehen ohne ein Abbremsen des Tempos. Vor dem Übergang wird der Galopp etwas aufgenommen. Um den Übergang einzuleiten, geht der Reiter nicht mehr mit der inneren Hüfte im Galopp mit nach vorne, sondern schiebt mit beiden Hüften im Trabtakt nach vorne. Die Zügel werden nur kurz stillgehalten. Die Schenkel bleiben einen Moment geschlossen am Pferd. Sobald das Pferd den ersten Trabtritt macht, wird übergangslos im Trabtakt vorwärts getrieben.

GALOPP – SCHRITT

Das Angaloppieren aus dem Schritt macht in der Regel keine besonderen Probleme. Es erfordert lediglich Sensibilität des Pferdes auf die Hilfen. Als Übung werden am Zirkel Übergänge vom Galopp zum Schritt geritten. Dabei sollten die Hilfen anfangs federleicht gegeben werden, und nur wenn das Pferd nicht sofort energisch angaloppiert, werden kurzzeitig stärkere Hilfen angewandt. Zusätzlich kann auch die Stimme (Klicken mit der Zunge) helfen, das Pferd aufmerksam zu machen. Das Angaloppieren aus dem Schritt eignet sich besonders, um den Galopp des Pferdes zu verbessern und die Versammlung vorzubereiten.

Der Übergang vom Galopp zum Schritt ist etwas schwieriger, da hierbei die Gefahr besteht, dass das Pferd, wenn es noch nicht gesetzt genug galoppiert, beim Übergang stark auf die Vorhand kommt. Hierzu ist das verkürzte beziehungsweise versammelte Galoppieren Voraussetzung. Erst wenn das Pferd sich im Galopp auf der Hinterhand trägt, kann es auch gesetzt vom Galopp zum Schritt durchparieren. Der Reiter bereitet das Pferd durch mehrere halbe Paraden auf den Übergang vor und stellt sich vor, den Galopp fast auf der Stelle zu reiten. Er hält das Pferd dabei gut bergauf. Dann lässt er die Schenkel geschlossen, geht

ÜBERGÄNGE REITEN

Zur Vorbereitung eines Überganges zum Schritt nimmt die Reiterin den Galopp vermehrt auf und achtet darauf, dass das Genick stets der höchste Punkt bleibt. Der innere Schenkel müsste besser am Gurt treiben. Foto: Busch

in der Hüfte nicht mehr mit nach vorne und hält kurz die Zügelfäuste ruhig. Anfangs ist es besser, der Reiter setzt zusätzlich seine Stimme ein, um dem Pferd verständlich zu machen, was er möchte, als dass er am Zügel zieht und das Pferd beginnt, sich gegen die Lektion zu wehren. Im Übergang muss der Reiter darauf achten, das Pferd nicht zu eng im Hals zu machen, da es sich dadurch nicht mehr ausbalancieren kann und sich auf die Hand legen wird. Die Schenkel und die Hüfte treiben zwar nicht mehr vorwärts, erhalten aber durch eine leichte Körperspannung die Vorwärtstendenz des Pferdes, so dass es unmittelbar im Schritt vorwärts geht. Der Übergang sollte keinesfalls stockend sein. Danach muss der Reiter durch seine im Takt vortreibenden Hilfen dafür sorgen, dass das Pferd im losgelassenen Mittelschritt zum Schreiten kommt. Da der Schritttakt unmittelbar nach dem Galoppieren oft gebunden ist, besteht die Gefahr des Passgehens. Die nächste Lektion oder das erneute Angaloppieren sollte auf keinen Fall begonnen werden, bevor das Pferd im klaren Schritt geht.

Zu Beginn sollte der Reiter lieber einen etwas auslaufenden Übergang in Kauf nehmen als zu viel mit der Hand einzuwirken, da das Pferd hierdurch zum Widerstand angeregt wird und später immer beim Übergang gegen die Hand gehen wird. Besser ist es, mit den Händen weich zu bleiben und das Pferd für ein gelungenes Ausführen zu loben und die Übung einzustellen. Hierdurch wird es wesentlich schneller lernen. Im fortgeschrittenen Stadium können die Übergänge zur Übung auch nur angedeutet werden. Der Reiter verhält kurz die Hilfen, so dass das Pferd zum Durchparieren ansetzt. In diesem Moment gibt der Reiter aber bereits wieder die Hilfen zum Weitergaloppieren. Hierdurch wird die Durchlässigkeit des Pferdes verbessert und der Reiter kann die Anlehnung beim Durchparieren verbessern.

Grundsätzlich ist zu sagen, dass die Übergänge ständig geübt werden müssen, um das Pferd geschmeidig und gut durchgymnastiziert zu erhalten.

HUFSCHLAGFIGUREN UND LEKTIONEN REITEN

ECKEN AUSREITEN

Beim täglichen Training sollte stets auf das korrekte Ausreiten der Ecken geachtet werden, da dies das Pferd in der Biegung und Geraderichtung verbessert. Etwa drei Meter vor der Ecke wird das Pferd vermehrt nach innen gestellt. Der innere Schenkel wirkt am

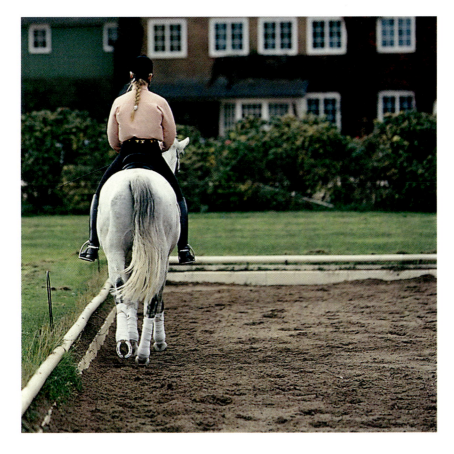

Vor der Ecke wird das Pferd nach innen gestellt, der äußere Schenkel verwahrt, der innere Schenkel hat die Hauptaufgabe und wirkt am Gurt biegend. Foto Busch

Hufschlagfiguren und Lektionen reiten

Der äußere Zügel bleibt keineswegs unnachgiebig stehen, sondern gibt so viel nach, wie die innere Hand Stellung gibt.

Gurt biegend ein, so dass sich die Längsbiegung der Pferdewirbelsäule ergibt. Der äußere Schenkel wird verwahrend zurückgenommen, um das Ausfallen der Hinterhand zu verhindern. Der innere Schenkel treibt nun das Pferd tief in die Ecke, wobei sich die Biegung des Rumpfes verstärken muss. Oft wird die Vorhand des Pferdes tief in die Ecke geführt, was aber fehlerhaft ist und das Hereinfallen der Hinterhand nach sich zieht. Das Pferd muss sich hierbei nicht biegen. Es kommt also vor allem auf die biegende Einwirkung des inneren Schenkels und die Innenstellung mit den Zügeln an. Dabei wird im tiefsten Punkt der Ecke mit beiden Zügeln leicht nachgegeben, um das Untertreten zu ermöglichen.

DURCH DIE BAHN WECHSELN

Das korrekte Ausreiten der Ecken ist Voraussetzung für das gute Abwenden am Wechselpunkt, um durch die ganze oder halbe Bahn zu wechseln. Wenn die Schulter des Pferdes am Wechselpunkt ist, wendet der Reiter das bereits (aus der Ecke) innen abgestellte Pferd mit dem äußeren Schenkel und leichtem Druck mit dem äußeren Zügel von der Bande ab und macht es unmittelbar danach gerade, so dass es gleichmäßig zwischen den Schenkeln an beide Zügel herantritt. Er hält das Pferd gerade bis zum Erreichen des gegenüberliegenden Wechselpunktes. Erst unmittelbar am Wechselpunkt erfolgt das Umstellen

HUFSCHLAGFIGUREN UND LEKTIONEN REITEN

Auf der Diagonalen soll das Pferd völlig gerade von Wechselpunkt zu Wechselpunkt geritten werden. Beidseitig treibende Schenkelhilfen erhalten Takt und Schwung, umgestellt wird erst am Wechselpunkt.

auf die neue Hand. Ein verfrühtes Umstellen vor dem Punkt hat meist ein Ausfallen der Hinterhand und damit schiefes und zu frühes Ankommen am Punkt zur Folge. Das Pferd kommt mit der Schulter am Wechselpunkt an.

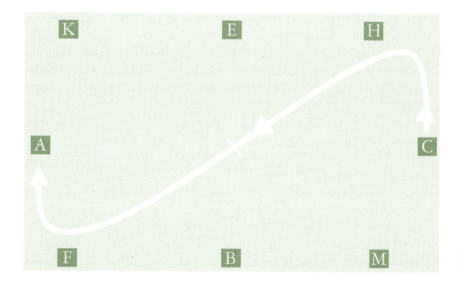

Durch die Bahn wechseln

HUFSCHLAGFIGUREN UND LEKTIONEN REITEN

Gleichmäßige Längsbiegung beim gerade gerichteten Pferd. Die Hinterhufe treten genau in die Spuren der Vorderhufe. Der innere Schenkel wirkt biegend, der äußere verwahrend.

AUF DEM ZIRKEL

Hier ist darauf zu achten, dass der Zirkel gleichmäßig rund angelegt und das Pferd kontinuierlich längs gebogen wird. Der innere Schenkel treibt im Takt am Gurt, der äußere wirkt verwahrend hinter dem Gurt ein. Das Pferd bleibt während des gesamten Zirkels gleichmäßig nach innen gestellt und gebogen. Hieraus ergibt sich die Wendung, ohne dass der Zügel

HUFSCHLAGFIGUREN UND LEKTIONEN REITEN

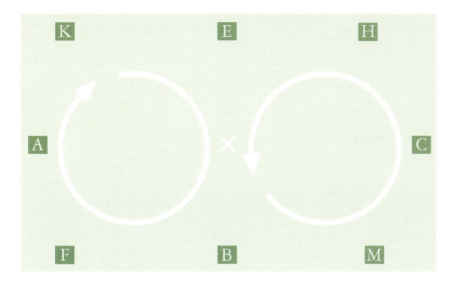

Auf dem Zirkel

zusätzlich lenken muss. An der offenen Zirkelseite wird der äußere Schenkel aktiver, um die Bande zu ersetzen und die Hinterhand des Pferdes auf der Linie zu halten. An der geschlossenen sorgt der innere Schenkel vermehrt für die Biegung. Grundsätzlich ist beim Reiten von Wendungen auf das Geraderichten des Pferdes zu achten. Die Hinterhufe müssen in die Spuren der Vorderhufe treten.

AUS DEM ZIRKEL WECHSELN

Kurz vor Erreichen des Mittelpunktes der Bahn stellt der Reiter sein Pferd gerade und leitet nach einer Pferdelänge geradeaus mit seinem neuen inneren Schenkel und inneren Gesäßknochen die Biegung auf die andere Seite ein. Ein Herumziehen des Pferdekopfes ist zu vermeiden.

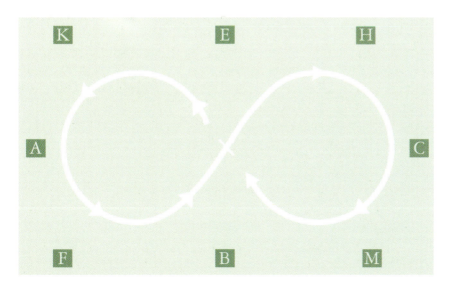

Aus dem Zirkel wechseln

HUFSCHLAGFIGUREN UND LEKTIONEN REITEN

Das Umstellen soll möglichst fließend und harmonisch vor sich gehen.

DURCH DEN ZIRKEL WECHSELN

Am Zirkelpunkt vor der offenen Seite wird zu einer halben zehn-Meter-Volte abgewendet. In der Mitte des Zirkels stellt der Reiter sein Pferd um und reitet ebenfalls eine zehn-Meter-Volte zum gegenüberliegenden Zirkelpunkt. Hierbei ist besonders auf die Ausführung der halben Volten zu achten. Das Umstellen und Biegen soll vom neuen inneren Schenkel eingeleitet werden. Durch das Hohlmachen zur neuen inneren Seite führt das Pferd die Wendung willig aus, ohne dass ein Herumziehen mit den Zügeln nötig wäre. Das Wechseln durch den Zirkel sowie die folgenden schwierigeren Wendungen sollten zuerst im Schritt und später im Arbeitstrab geübt werden.

EINFACHE SCHLANGENLINIE

Die einfache Schlangenlinie wird an der langen Seite von Wechselpunkt zu Wechselpunkt mit Abstand von fünf Metern an der entferntesten Stelle vom Hufschlag geritten. Das Pferd kommt bereits mit vermehrter Innenstellung aus der Ecke heraus und wird am Wechselpunkt vom Hufschlag abgewendet.

Unmittelbar nach dem Abwenden wirkt der neue innere (bisher äußere Schenkel) am Gurt ein, um das Pferd umzustellen und zur neuen inneren Seite hohl zu machen. Der Zügel sorgt für das Umstellen des Halses, ist aber ansonsten unbeteiligt an dem Richtungswechsel. Der gesamte Bogen wird nun in gleichmäßiger Biegung geritten.

Kurz vor Erreichen des zweiten Wechselpunktes wird das Pferd erneut durch die Einwirkung des ursprünglich inneren Schenkels am Gurt zur anderen Seite

Durch den Zirkel wechseln

Hufschlagfiguren und Lektionen reiten

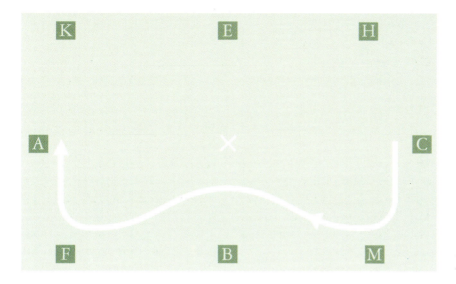

Einfache Schlangenlinie

hohl gemacht. Die äußeren Hilfen sorgen jeweils dafür, dass das Pferd nicht ausfällt, sondern die Hinterhufe gerade in die Spur der Vorderhufe fußen. Durch das Umlegen der Schenkel in der Biegung wird bei korrektem Sitz automatisch der innere Gesäßknochen mehr belastet.

DOPPELTE SCHLANGENLINIE

Die Hilfengebung ist die gleiche wie bei der einfachen Schlangenlinie. Allerdings werden zwei flachere Bogen (maximale Entfernung vom Hufschlag 2,50 Meter) verlangt und das Tempo

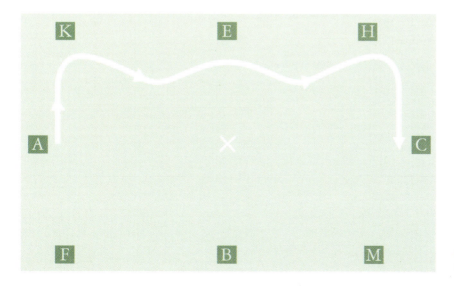

Doppelte Schlangenlinie

bis zur Versammlung aufgenomen. Das unmittelbar nacheinander folgende Umstellen des Pferdes bedarf der besonderen Rittigkeit und Biegsamkeit des Pferdes. Bei Schwierigkeiten mit der Lektion sollte an diesen Punkten gearbeitet werden. Die Schlangenlinie entsteht durch das unmittelbar nacheinander folgende und abwechselnde Hohlmachen des Pferdes nach rechts und links.

Sobald die eine Seite des Pferdes hohl ist, muss der Reiter sein Gewicht zur anderen Seite verlagern und die Schenkel umlegen, um das Pferd in die andere Richtung in den Rippen hohl zu machen. Fehlerhaft ist hierbei vor allem das extreme Einwirken mit den Zügeln. Hierdurch wird das Pferd nur mit dem Hals- und Kopfbereich in die Schlangenlinie gelenkt, der Rumpf und die Hinterhand fallen jedoch aus. Gleichzeitig muss das aktive Untertreten und sich Setzen des Pferdes gegeben sein, damit es nicht an Schwung verliert und auseinander fällt. Zur Übung können auf einer größeren Fläche (zum Beispiel auf einer Wiese) größere Bogen ohne Bandenbegrenzung aneinander gereiht werden, wobei darauf geachtet wird, die Bogen nur mit der Schenkeleinwirkung auszulösen.

SCHLANGENLINIE DURCH DIE GANZE BAHN

Je nach Anzahl der Bogen werden diese symmetrisch auf die Bahn verteilt. Das erste Abwenden vom Hufschlag sowie das letzte zählen bereits als Bogen. Bei drei Bogen auf dem 20 x 40-Meter-Viereck beginnt der erste Bogen etwa zwei bis drei Meter nach dem ersten Zirkelpunkt. Der zweite hat seinen höchsten Punkt genau Mitte der gegenüberliegenden langen Seite. Bei vier Bogen wird jeweils ein Bogen vor und ein Bogen nach dem Zirkelpunkt geritten. Die halbe-Bahn-Linie teilt den zweiten und dritten Bogen. Das Abwenden erfolgt jeweils wie eine halbe Volte.

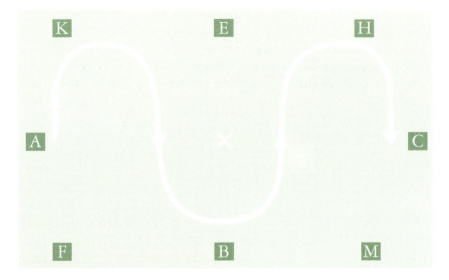

Schlangenlinien durch die ganze Bahn mit drei Bogen

HUFSCHLAGFIGUREN UND LEKTIONEN REITEN

Bei der Vorhandwende tritt das Pferd mit der Hinterhand um das innere Vorderbein (hier das Rechte). Die Vorderbeine des Pferdes treten dabei auf der Stelle mit. Die Reiterin lehnt sich zu weit nach innen und knickt in der rechten Hüfte ein. Hierdurch kommt der linke Schenkel nicht mehr ans Pferd.

Danach wird das Pferd gerade gerichtet und über der Mittellinie bereits mit dem Schenkel auf die andere Seite hohl gemacht und umgestellt. Die Schwierigkeit besteht darin, dass das Pferd auf der geraden Linie zwischen den Volten umgestellt wird, ohne mit der Hinterhand auszuweichen oder die gerade Linie zu verlassen. Dies ist nur möglich, wenn das Pferd mit den Zügeln fixiert wird und sich gehorsam auf den Schenkel in die neue Richtung hohl machen lässt. Das Lenken des Pferdes mit den Zügeln ist fehlerhaft und wird immer eine schwankende und ausweichende Hinterhand zur Folge haben. Die vortreibenden Hilfen sorgen während der gesamten Schlangenlinie für das fleißige Antreten aus der Hinterhand.

VORHANDWENDUNG

Die Vorhandwendung ist besonders geeignet, um das Pferd mit den seitwärts treibenden Hilfen vertraut zu machen. Bei der Vorhandwendung treten die Hinterbeine des Pferdes um den dicht neben dem inneren Vorderbein liegenden Drehpunkt. Das Pferd wird hierbei um 90 Grad gewendet, bei der Vorhandwende-rechts(oder links-)um-kehrt um 180 Grad.

Zur Einleitung der Lektion sollte der Reiter in der Reithalle auf dem zweiten Hufschlag zum Halten kommen, da das Pferd sonst bei der Wendung mit dem Kopf an die Bande stößt. Wenn das Pferd im Halten abgekaut hat, wird es gegen die gewünschte Bewegungsrichtung gestellt, das heißt beim

Hufschlagfiguren und Lektionen reiten

Die Reiterin bleibt gerade, sollte aber den verwahrenden äußeren linken Schenkel nicht hochziehen. Dieser reguliert verwahrend hinter dem Gurt das Seitwärtstreten des Pferdes. Foto: Busch

Halten auf der linken Hand nach rechts und andersherum. Der äußere Zügel wirkt verwahrend und verhindert, dass das Pferd zu viel abgestellt wird. Der innere Schenkel (rechts in diesem Fall) wirkt eine Handbreit hinter dem Gurt seitwärts treibend ein. Der äußere Schenkel liegt verwahrend ebenfalls eine Handbreit hinter dem Gurt. Er fängt die Seitwärtsbewegung des Pferdes nach jedem zweiten Tritt ab und verhindert ein Herumeilen und Ausfallen der Hinterhand. Durch den seitwärts treibenden Schenkel soll das Pferd mit dem inneren Hinterbein seitlich vor und über das äußere Hinterbein treten. Wenn das Pferd nicht unmittelbar auf die Hilfe reagiert, versuchen manche Reiter, die Seitwärtsbewegung durch vermehrtes Stellen einzuleiten.

Dies ist falsch, da das Pferd hierdurch nicht lernt, besser auf den seitwärtstreibenden Schenkel zu achten, was der Sinn der Lektion ist. Der Reiter sollte also keinesfalls die Vorhandwende mit den Zügeln auslösen, sondern mit seinem inneren Schenkel einen energischeren Impuls geben und notfalls mit dem Schenkel kurz klopfen oder Sporn und Gerte einsetzen. Danach werden die Hilfen sofort wieder dezenter gegeben. Wenn das Pferd zur Seite tritt, sollte die Seitwärtsbewegung nach jedem zweiten Tritt mit dem äußeren Schenkel abgefangen werden und nach einem Moment erneut mit dem inneren Schenkel eingeleitet werden, bis das Pferd um 180 Grad gewendet hat. Zur Übung kann man ein herumeilendes Pferd auch nach jedem Tritt abfangen und abkauen lassen. Mit den Zügeln sorgt der Reiter für die korrekte und elastische Anlehnung während der Wende.

Die Stellung muss erhalten bleiben. Gleichzeitig verhindert der Reiter mit den Zügeln ein Vortreten des Pferdes sowie durch Nachgeben und vortreibende Hilfen das Ausweichen nach hinten. Korrekt ausgeführt ist die Vorhandwendung eine sehr hilfreiche Übung, um die Schenkeleinwirkung zu verfeinern, und sollte viel mehr geritten werden.

SCHENKELWEICHEN

Wie die Vorhandwende verbessert auch das Schenkelweichen die Durchlässigkeit des Pferdes auf die seitwärtstreibenden Hilfen und hilft damit einerseits dem Reiter, vermehrt auf sein Pferd einwirken zu können, und verbessert andererseits die Sensibilität des Pferdes auf die seitwärtstreibenden Hilfen des Reiters. Das Schenkelweichen ist eine Vorwärts-seitwärts-Bewegung, bei der das Pferd maximal 45 Grad vom Hufschlag abgestellt wird. Anfangs bietet es sich an, den äußeren Schenkel weichen zu lassen, das Pferd also mit dem Kopf in Richtung Bande zu stellen. Später wird das Schenkelweichen hauptsächlich zum Bahninneren abgestellt geritten, da hier gleichzeitig die Zügelhilfen mehr angenommen werden müssen. Das Pferd wird mit dem seitwärts treibenden inneren Schenkel, der eine Handbreit hinter dem Sattelgurt liegt, im Schritttakt zur Seite getrieben. Der äußere Schenkel liegt ebenfalls eine Handbreit hinter dem Gurt, wirkt aber verwahrend, das heißt er verhindert einerseits, dass das Pferd mit der Hinterhand weiter ausweicht als die Abstellung im 45-Grad-Winkel es zulässt. Andererseits wirkt er aktiv (am Gurt), wenn das Pferd die Vorwärtstendenz verliert und nicht mehr genügend vorwärts-seitwärts übertritt. Das Reitergewicht wirkt einseitig innen belastend, was sich automatisch durch die Schenkellage ergibt. Die Zügelhilfen stellen das Pferd leicht zur Seite des seitwärtstreibenden Schenkels. Der äußere Zügel verhindert dabei eine übertriebene Abstellung, die oft fälschlicherweise benutzt wird, um die Seitwärtsbewegung einzuleiten und zu erhalten. Hierdurch verbessert das Pferd jedoch nicht seine Reaktion auf den seitwärts treibenden Schenkel. Nach dem Ausreiten der Ecke stellt der Reiter das Pferd zur Bahnmitte oder zur Bande ab. Es muss darauf geachtet werden, dass das Pferd keinesfalls mehr als in den obersten zwei bis drei Genickwirbeln gestellt wird. Die Schenkelhilfen werden zuerst leicht, bei Nichtreagieren aber energisch, im Takt der abfußenden Hinterbeine des Pferdes gegeben. Ein konstant am Pferdekörper drückender Schenkel wird nicht

Hufschlagfiguren und Lektionen reiten

Schenkelweichen auf der Diagonalen. Das Pferd ist im zweiten und dritten Halswirbel gegen die Bewegungsrichtung gestellt. Der äußere (von vorne rechter) Zügel verhindert eine übertriebene Abstellung. Der äußere Schenkel sollte mehr anliegen.

das gewünschte Seitwärtstreten auslösen. Der Reiter gibt dem Pferd kurze Impulse im Takt des Abfußens. Die Intensität ist abhängig von der Umsetzung des Pferdes. Bei mangelnder Reaktion des Pferdes werden kurz Gerte oder Sporen zur Sensibilisierung eingesetzt. Danach werden wieder besonders leichte Hilfen gegeben. Bei Pferden, die eilig seitwärts oder vorwärts stürmen, kann als Übungslektion während des Schenkelweichens zum Halten durchpariert werden. Das Pferd bleibt dabei abgestellt wie in der Seitwärtsbewegung. Es soll abkauen. Dann kann der innere Schenkel bei Bedarf die Hinterhand mehr abstellen, bevor die Seitwärtsbewegung fortgeführt wird. Auf keinen Fall sollte das Pferd senkrecht zum Hufschlag abgestellt werden, da hierdurch die notwendige Vorwärtsbewegung verloren gehen würde.

HUFSCHLAGFIGUREN UND LEKTIONEN REITEN

Der innere (linkes Bein der Reiterin) Schenkel treibt beim Abfußen des inneren Hinterbeines hinter dem Gurt seitwärts. Der äußere Schenkel verwahrt hinter dem Gurt oder kommt bei Bedarf am Gurt zum vorwärts treiben.
Foto: Busch

VIERECK VERKLEINERN UND VERGRÖSSERN

Hierbei wird das Pferd parallel zur langen Seite vorwärts-seitwärts geritten. Es soll dabei gleichmäßig übertreten und stets mit der Vorhand voraus bleiben. Die Lektion ist sehr vorteilhaft, weil der Reiter hierbei lernt, mit den Schenkeln auf die Richtung der Bewegung Einfluss zu nehmen. Das Viereckverkleinern beginnt am ersten Wechselpunkt der langen Seite. Der Reiter treibt vorbereitend die Hinterhand des Pferdes tief in die Ecke und stellt das Pferd danach leicht nach außen. Von einer übertriebenen Abstellung ist auch hier abzusehen. Dann nimmt er den der Bande zugewandten Schenkel hinter den Gurt und treibt das Pferd zur Seite. Der jetzt äußere Schenkel liegt verwahrend hinter dem Gurt, um

Hufschlagfiguren und Lektionen reiten

ein Ausfallen der Hinterhand zu verhindern. Er kann jedoch auch aktiv werden und am Gurt einwirken, wenn das Pferd zu wenig vorwärts(-seitwärts) tritt.

Der äußere Zügel führt das Pferd in Richtung Bahnmitte und sorgt dabei für das Vorausgehen der Vorhand (diese sollte mindestens einen Schritt vorausgehen). Der innere Zügel sorgt elastisch für die Stellung. Das Gewicht wird durch die Schenkellage automatisch nach innen verlagert. Bei Erreichen der Viertellinie (fünf Meter vom Hufschlag und der Mittellinie entfernt) werden drei Schritte geradeaus geritten. Es ist wichtig, dass das Pferd hierbei im klaren Takt frei nach vorne schreitet. Danach wird es zur anderen Seite gestellt und seitenverkehrt in Richtung auf den zweiten Wechselpunkt der langen Seite vorwärts-seitwärts getrieben.

Zur Übung ist es sinnvoll, anfangs die beiden Teile der Lektion separat zu üben. Der Reiter sollte hierzu schenkelweichend durch die ganze Bahn wechseln. Er hat dann mehr Zeit, sich auf die Seitwärtsbewegung einzustellen. Um das Schrittreiten im Mittelteil zu üben, kann der Reiter während des Schenkelweichens durch die ganze

Klappt das Schenkelweichen im Schritt, kann es im verkürzten Trab geübt werden. Mit einem losgelassenen Pferd und ausbalancierten Reiter ist der Schritt zu den Seitengängen nicht mehr allzu weit.

Bahn immer wieder ein paar Tritte geradeaus nach vorne reiten. Hierbei muss darauf geachtet werden, dass das Pferd im klaren Viertakt schreitet und ohne Zögern nach vorne antritt.

SCHENKELWEICHEN IM TRAB

Wenn das Schenkelweichen im Schritt gut beherrscht wird, kann es auch im gesetzten Trab geritten werden. Dies dient der Vorbereitung für die Seitengänge und verbessert die Einwirkung des Reiters auf das Pferd. Anfangs treibt der Reiter das Pferd bei gleicher Hilfengebung wie beim Viereckverkleinern und -vergrößern 3 - 4 m von der langen Seite weg und nach einigen geraden Tritten wieder zurück zum Hufschlag. Hierdurch verbessert sich die Schenkelsensibilität des Pferdes enorm. Das Pferd lernt, nicht mehr am Hufschlag zu kleben und auf die seitwärtswirkenden Kreuz- und Schenkelhilfen des Reiters prompt und fein zu reagieren.

Beim Seitwärtstraben muss darauf geachtet werden, dass der Trab nicht zu frei ist und das Pferd nicht zu stark abgestellt ist, um das Anschlagen der Beine zu vermeiden. Der Reiter wirkt ein wie im Schritt, muss aber vor allem darauf achten, dass seine Hüfte elastisch in der Bewegung mitschwingt und diese fleißig unterstützt.

Die Hinterbeine werden während der Seitwärtsbewegung durch vortreibende Kreuz- und Schenkelhilfen herangeholt. Die Zügelführung muss elastischer sein als im Schritt, um das Pferd nicht im Vorwärts zu stören. Das Pferd sollte im Schritt bereits gelernt haben, den seitwärts treibenden Schenkel anzunehmen, ohne nach vorne wegzulaufen und auf den Zügel zu drücken. Wenn das Schenkelweichen von der langen Seite weg gelingt, kann an den langen Seiten auch dem inneren und dem äußeren Schenkel gewichen werden. Kurze Reprisen sind hier besser als lange.

VOLTEN

Bei der Volte wird je nach Durchmesser vom Pferd die höchstmögliche Biegung verlangt. Die Größe der Volten muss also stets auf die Ausbildung des Pferdes abgestimmt sein. Ein Herumziehen des Pferdes in eine möglichst enge Volte erzeugt lediglich den Widerstand des Pferdes, verbessert die Biegung keinesfalls. Am besten beginnt man mit dem Verkleinern des Zirkels, bis Mitte des Zirkels eine Volte entsteht. Der Hals des Pferdes soll dabei möglichst gedehnt sein, damit sich das Pferd gut ausbalancieren kann. Der innere Schenkel sorgt für die Biegung und verhindert ein traversartiges Hereinfallen der Hinterhand. Der äußere Schenkel begrenzt die Hinterhand und verkleinert die Volte gegebenenfalls. Das Reitergewicht belastet die Innenseite. Der innere Zügel führt das Pferd in die Wendung und erhält die Stellung. Er muss während der Volte leicht geführt werden und darf auf keinen Fall ziehen, da ansonsten die Gefahr des Engwerdens im Hals des Pferdes besteht. Der äußere Zügel begrenzt und kann durch leichtes Andrücken am Hals für das Geraderichten des Pferdes sorgen. Um das Tempo zu regulieren, gibt der Reiter je nach

Hufschlagfiguren und Lektionen reiten

*Zur Einleitung der Volte stellt der innere Zügel das Pferd. Der äußere wird entsprechend nachgegeben und wirkt dann verwahrend ein. Die Reiterin sollte hier darauf achten, dass das Pferd nicht zu tief kommt.
Foto: Busch*

Bedarf halbe Paraden. Wenn die Volten innerhalb des Zirkels gelingen, werden sie vom Hufschlag weg zum Bahninneren geritten. Hierbei ist darauf zu achten, dass die Volten rund geritten werden. Wichtig ist, das Pferd bereits eine Pferdelänge vor Erreichen des Punktes, an dem abgewendet werden soll, nach innen zu stellen und zu biegen. Der äußere Zügel und innere Schenkel sorgen dafür, dass das Pferd dabei nicht zu früh abwendet. Der innere Schenkel darf dabei nicht starr einwirken, da dies beim Pferd ein unangenehmes Gefühl hervorruft. Ein elastisch mitgehender Schenkel ist für das Pferd viel angenehmer. Sobald die Schulter des Pferdes am Punkt angekommen ist, wird der äußere Schenkel aktiv und die Zügel lassen das Pferd nach vorne in die Wendung heraus. Die Volte muss nun von Anfang an gleichmäßig gebogen angelegt werden. Der äußere Schenkel verhindert das Ausfallen der Hinterhand, wodurch die Volte ellipsenförmig würde.

Die Hüfte des Reiters bleibt möglichst losgelassen und schwingt mit nach vorne, um die Bewegung schwungvoll zu unterstützen. Zur Übung können die Volten in den Bahnecken geritten werden. Das Ausreiten der Ecken verbessert sich hierdurch ebenfalls.

HUFSCHLAGFIGUREN UND LEKTIONEN REITEN

Die Schenkel (innen am Gurt – außen eine Handbreit hinter dem Gurt) geben dem Pferd Längsbiegung. Die Stellung darf niemals mehr sein als die Biegung, da das Pferd sonst mit der Hinterhand ausweicht. Foto: Busch

In der korrekt gebogenen Volte fußen die Vorhand und die Hinterhand auf einer Linie. Man kann dies auf einem glatt gezogenen Sandplatz überprüfen. Foto: Busch

HUFSCHLAGFIGUREN UND LEKTIONEN REITEN

Zur Einleitung des Rückwärtsrichtens werden die Hilfen zum Anreiten bei gleichzeitig stehender Hand gegeben. Dies veranlasst das Pferd den Vorwärtsimpuls nach hinten umzusetzen. Wenn es losgelassen ist, tritt das Pferd korrekt mit diagonaler Fussfolge zurück.
Foto: Busch

RÜCKWÄRTSRICHTEN

Bei korrekter Ausführung ist das Rückwärtsrichten eine wertvolle Lektion, da hierbei die Durchlässigkeit und Geschmeidigkeit des Pferdes verbessert wird.

Durch das vermehrte Winkeln der Hinterbeine wird gleichzeitig die Versammlungsfähigkeit des Pferdes gefördert. In der freien Natur bedeutet das Rückwärtsrichten bei Rangordnungskämpfen ein Aufgeben des Unterlegenen. Aus diesem Grunde ist das Rückwärtsrichten in der Reiterei auch als Nachgeben des Pferdes gegenüber dem Reiter anzusehen. Manche Pferde empfinden es aus diesem Grunde als Strafe. Der Reiter sollte deshalb das Rückwärtsrichten nicht zu oft abfragen und bei korrekter Ausführung die Übung abbrechen.

Beim Rückwärtsrichten tritt das Pferd im Zweitakt wie im Trab zurück. Deshalb spricht man von Tritten, nicht von Schritten. Nur wenn das Pferd losgelassen und mit entspanntem Rücken zurücktritt, ist die Schrittfolge klar und hebt das Pferd willig in der Anlehnung die Beine vom Boden ab, anstatt

HUFSCHLAGFIGUREN UND LEKTIONEN REITEN

Beide Schenkel liegen verwahrend am Pferd, um einseitiges Ausweichen zu verhindern. Das Pferd kommt hier nicht zum losgelassenen Treten. Es legt sich auf die Hand und drückt den Rücken weg.

sie durch den Sand zu schleifen. Anfangs wird eine Pferdelänge Rückwärtsrichten verlangt. Das sind drei bis vier Tritte. Danach wird das Pferd entweder durch vortreibende Hilfen wieder im Schritt angeritten oder zum Halten durchpariert. Beim Halten ist der letzte Tritt nur noch ein halber (der aber mitgezählt wird), um das Pferd wieder geschlossen zum Stehen zu bringen. Zur Einleitung des Rückwärtsrichtens ist es unerlässlich, dass das Pferd durchs Genick losgelassen auf allen vier Beinen steht. Wenn es zu lange steht, geht die Vorwärtstendenz verloren, und es wird sehr schwierig, das Rückwärtsrichten einzuleiten. Der Reiter sollte deshalb jeweils nach einem kurzen ruhigen Stehen das Rückwärtsrichten einleiten. Kommt das Pferd nicht unmittelbar nach dem Durchparieren zum entspannten Stehen, muss zuerst das Abkauen im Halten erarbeitet werden. Ein zu frühes Rückwärtsrichten würde mehr Schaden anrichten und das Pferd wird sich in diesem Fall dagegen wehren.

Ein bereits vor den Hilfen des Reiters zurückweichendes Pferd muss ebenfalls erst im Halten korrigiert werden. Der Reiter richtet nun in der täglichen Arbeit so lange nicht mehr zurück, bis das Pferd ruhig mit Vorwärtstendenz stehen bleibt. Um das Pferd zum Zurückgehen anzuregen, gibt der Reiter die Hilfen wie zum Anreiten. Sobald er einen Vorwärtsimpuls des Pferdes spürt, leitet er diesen durch Stehenlassen (beziehungsweise anfangs leichtes Annehmen) der Zügelfäuste nach hinten um. Während des Rückwärtsrichtens entlastet er den Druck der Gesäßknochen durch Entspannen des Rückens. Anfangs kann der Reiter seinen Oberkörper leicht nach vorne neigen, um den Pferderücken zu entlasten. Später soll das Entlasten der Gesäßknochen bei aufgerichtetem Oberkörper geschehen, indem der Reiter sein Gewicht auf die Oberschenkel verlagert. Die Schenkel liegen während des Zurückgehens verwahrend am Pferdekörper, um ein seitliches Ausweichen des Pferdes zu verhindern. Durch leichte Impulse im Takt der Tritte lösen sie stets einen neuen Rückwärtstritt aus, bis die gewünschte Anzahl erreicht ist.

Die Zügel werden nach dem Umleiten des Vorwärtsimpulses nachgegeben, ohne jedoch die Anlehnung aufzugeben. Wenn nötig schließt der Reiter bei jedem neuen Tritt leicht die Zügelfäuste, muss aber immer wieder zum Nachgeben kommen. Der Zügel sorgt gleichzeitig dafür, dass das Pferd korrekt in der Anlehnung bleibt, indem er bei Bedarf leicht rechts-links abfedert, ohne auf den Bewegungsfluss einzuwirken.

Das Pferd muss während des Rückwärtsrichtens unbedingt in der Anlehnung bleiben, da es ansonsten den Rücken wegdrückt, was die Lektion für das Pferd unangenehm macht und die willige Wiederholung verhindert. Notfalls darf hier zur Korrektur aus dem losgelassenen Stehen in der Anlehnung jeweils nur ein Tritt zurückgerichtet werden und muss vor einem erneuten Zurücktreten erst wieder die Anlehnung korrigiert werden. Gleichzeitig ist darauf zu achten, dass das Pferd beim Rückwärtsrichten nicht zu eng im Hals wird, da es sich dann nicht mehr genügend ausbalancieren kann, was sich ebenfalls in Widerwillen äußern wird. Oft weicht das Pferd mit der Hinterhand in die Bahnmitte aus, um sich der Lastaufnahme zu entziehen. In diesem Fall stellt der Reiter sein Pferd minimal nach innen und hält die Hinterhand mit dem inneren Schenkel deutlich nach außen.

Bei einem jungen Pferd ist es sehr hilfreich, die Stimme zu Hilfe zu nehmen. Durch das Kommando „zurück", das das Pferd schon ohne Reiter kennen gelernt haben sollte, wird das anfängliche Rückwärtsrichten begleitet. Ein Helfer am Boden kann das Pferd bei Schwierigkeiten durch Druck an der Brust zurückschieben. Es wird dann das Rückwärtsrichten schneller lernen als durch ein Zurückziehen mit den Zügeln. Das Rückwärtsrichten muss jederzeit durch die vortreibenden Hilfen des Reiters abgebrochen und die Vorwärtsbewegung erneut eingeleitet werden können. Ein unkontrolliertes Zurückweichen des Pferdes ist auf jeden Fall zu verhindern, da dies dem Pferd die Möglichkeit gibt, sich den Hilfen des Reiters völlig zu entziehen. Dies kann bis hin zum Steigen des Pferdes führen.

Es werden also anfangs nur ein oder zwei Tritte zurück verlangt, dann wird sofort mit vortreibenden Hilfen wieder im Schritt angeritten. Der Reiter sollte jeden Tritt zurück erneut einleiten und anfangs zwischen den Tritten kleine Pausen machen. Später kann zur Übung auch aus dem Rückwärtsrichten angetrabt oder angaloppiert werden.

Um das Pferd am Ende korrekt geschlossen anzuhalten, muss der Reiter während des Zurückgehens die Vorwärtstendenz erhalten. Die vortreibenden Hilfen bleiben so am Pferd, dass jederzeit nach vorne angeritten werden kann. Durch Strecken des Oberkörpers und Andrücken der Schenkel beendet der Reiter das Rückwärtsrichten. Diese Hilfe leitet er bereits nach dem vorletzten Tritt ein, damit der letzte Tritt nur noch ein halber wird, mit dem sich das Pferd geschlossen hinstellt. Zur Korrektur können die Hinterbeine noch einmal durch vortreibende Hilfen herangeholt werden.

GALOPPVOLTEN

Wendungen im Galopp sind grundsätzlich schwieriger als Wendungen im Trab, da es dem Pferd hier schwerer fällt, sich auszubalancieren. Das Reiten von Galoppvolten muss deshalb besonders vorbereitet werden. Grundsätzlich ist die Voraussetzung, eine Galoppvolte reiten zu können, das Setzen und die Versammlung des Galopps. Bei korrekter Versammlung und Biegung sollte sich das Pferd willig auf der 8-Meter-Volte reiten lassen. Durchsprung und Aufrichtung bleiben dabei erhalten. Zum Training kann der Reiter den Galopp auf dem Zirkel aufnehmen und diesen langsam verkleinern.

Hierbei ist stets auf das gute Durchspringen der Hinterhand und das Geradeinachen des Pferdes zu achten. Die äußeren Hilfen sorgen dafür, dass die Hinterhand des Pferdes nicht ausfällt. Um das Durchspringen zu gewährleisten, kann der Reiter neben den vortreibenden Hilfen seine Stimme oder ein kurzes Anticken mit der Gerte einsetzen.

Anfangs darf das Verkleinern des Zirkels keinesfalls zu klein und zu lange geritten werden. Der Reiter darf den Zirkel jeweils nur so weit verkleinern, wie er das Pferd mit Kreuz und Schenkeln wenden kann. Ein Herumziehen mit dem Zügel ist auf jeden Fall zu vermeiden. Viele Reiter neigen dazu, das Pferd in der Volte im Hals eng zu machen. Hierdurch kann es sich aber nicht genügend ausbalancieren und wird sich widersetzen. Der Reiter muss den Pferdehals immer vorlassen und zur Dehnung veranlassen (ohne dabei die Anlehnung aufzugeben). Danach wird das Abwenden des Pferdes mit den äußeren Hilfen am Hufschlag geübt. Auch hier werden die Volten anfangs größer geritten, bis sich das Pferd genügend trägt und der Reiter die Volten langsam kleiner reiten kann. Als Übungslektion hat sich wie im Trab das Reiten von Volten in jeder Ecke und Mitte der langen Seiten bewährt. Wird diese Übung täglich während einer oder zwei Bahnrunden ausgeführt, verbessert sich die Biegung und das Durchspringen des Pferdes in den Volten sehr schnell. Die Volten können dann auf acht Meter verkleinert werden. Als positiver Nebeneffekt verbessert sich die Geraderichtung und die Galoppqualität. Auch das Eckenausreiten fällt dem Pferd leichter.

HUFSCHLAGFIGUREN UND LEKTIONEN REITEN

KEHRTVOLTEN IM GALOPP

Kehrtvolten im Galopp können aus der zweiten Ecke der langen Seite oder später auch Mitte der langen Seite verlangt werden. Der erste Teil der Kehrtvolte wird wie die Galoppvolte geritten. Nach der Hälfte der Volte beendet der Reiter die Volte und galoppiert gerade zum Hufschlag zurück. Er wechselt hierdurch auf die andere Hand.

Die Rückführung zum Hufschlag sollte nach fünf bis sechs Metern erfolgt sein und darf keinesfalls traversartig sein. Die Volte setzt der Reiter wie bereits beschrieben an. Am vom Hufschlag entferntesten Punkt beendet der Reiter die Biegung des Pferdes und treibt es geradeaus zum Hufschlag zurück. Das energische Vorwärtsreiten sowie das sichere Anstehen der äußeren Hilfen ist hier von besonderer Bedeutung. Ein oft auftretendes Problem beim Zurückreiten auf den Hufschlag ist die übertriebene Innenstellung. Hierdurch weicht die Hinterhand aus und das Pferd wird schief. Ein korrektes Weiterreiten im Außengalopp ist unmöglich. Der Reiter sollte vermehrt mit den äußeren Hilfen reiten und das Pferd nur leicht abstellen.

Zur Übung werden zuerst Galoppvolten in den Ecken der Bahn geritten. Wenn diese auf dem entsprechenden Radius gut gelingen, entwickelt der Reiter daraus eine Kehrtvolte.

*Bei der Kehrtvolte im Galopp müssen vor allem die verwahrenden, äußeren Hilfen gut durchkommen. Das Pferd ist hier ausreichend gebogen. Die Reiterin sollte jedoch die Zügel vor der Kehrtvolte nachfassen.
Foto: Busch*

HUFSCHLAGFIGUREN UND LEKTIONEN REITEN

Korrekte Konterstellung: Leichte Abstellung und ein aktiver äußerer Schenkel, der das Pferd gerade hält. Der innere Zügel (jetzt Bahnaußenseite!) gibt elastisch nach, um gutes Durchspringen zu ermöglichen.

AUSSENGALOPP

Im Außengalopp geht das Pferd in Konterstellung zum Handgalopp. Das Bahnäußere wird in diesem Fall zur Innenseite. Außengalopp wird ausschließlich im versammelten Galopp geritten, damit sich das Pferd genügend ausbalancieren kann. Der gesetzte, gut geschlossene Galopp sowie das Annehmen der Galopphilfe auf beiden Seiten sind Voraussetzung für den Außengalopp. Im Außengalopp werden die Bahnecken etwas abgerundet.

Der Reiter sollte die Vorhand des Pferdes in der Ecke früh wenden und die Hinterhand des Pferdes bei gut anliegendem äußeren Schenkel (Schenkel zur Bahnmitte) unter dem Schwerpunkt halten. An den langen Seiten wird die Haltung des Pferdes durch mehrere halbe Paraden wieder verbessert. In den Ecken und an der kurzen Seite wird der Reiter mit den Zügeln elastischer, treibt aber gleichzeitig energisch vorwärts, um ein Ausfallen zu verhindern. Fällt das Pferd doch einmal aus, wird in Ruhe an der langen Seite erneut im Außengalopp angaloppiert (eventuell auf dem zweiten Hufschlag). Das Pferd darf auf keinen Fall für das Ausfallen bestraft werden. Bei korrekter Hilfengebung des Reiters ist bei häufigem Ausfallen ein noch nicht genügendes Unterspringen und Setzen des Galopps anzunehmen. Eine Strafe würde hier nur den Widerstand des Pferdes hervorrufen und das Reiten des Außengalopps erschweren. Im Gegenteil müssen die Voraussetzungen für den Außengalopp verbessert werden.

Um in den Außengalopp zu kommen sollte der Reiter zu Beginn zuerst den Handgalopp gut setzen und dann aus der Ecke oder durch die halbe Bahn in den Außengalopp wechseln. Die Hilfen des Reiters entsprechen denen des Innengalopps. Kurz nach dem Wechseln sollte er jedoch etwas energischer vorwärts reiten, um das Durchspringen des Pferdes zu erhalten. Im Außengalopp muss er für die gleichmäßige Haltung des Pferdes sorgen. Besonders dem Auseinanderfallen und nicht mehr genügenden Durchspringen ist zu Beginn im Außengalopp entgegenzuwirken, da hier ein vermehrtes Engagement der Hinterhand erforderlich ist, was aber auch gleichzeitig den Galopp des Pferdes verbessert.

Der Reiter muss darauf achten, dass er das Pferd nicht zu sehr abstellt, da es hierdurch mit der Hinterhand ausweichen würde und ihm der Außengalopp unangenehm wird. Der Reiter muss vermehrt mit den Schenkeln einwirken. Der äußere Schenkel wird in der Regel im Außengalopp immer wieder aktiv werden müssen, um ein Ausfallen der Hinterhand zu vermeiden und das Durchspringen zu erhalten. Es sollten immer nur kurze Reprisen im Wechsel mit energisch im Handgalopp gerittenen Verstärkungen geritten werden.

Auch im Außengalopp ist das Geraderichten des Pferdes zu beachten. Die Vorhand des Pferdes wird leicht zur Bahnmitte geführt und mit den äußeren Hilfen gut begrenzt. Der innere Zügel (an der Bahnaußenseite) sollte immer wieder elastisch nachgegeben werden, um das Durchspringen des inneren Hinterbeines zu ermöglichen.

Um den Außengalopp zu verbessern, sollten Übergänge vom Außengalopp zum Schritt und abwechselnd zum Innengalopp geritten werden. Dies verbessert die Durchlässigkeit und die einfachen Wechsel vom Außengalopp zum Innengalopp in der L-Dressur. Hierbei sollte der Reiter wie in den Übergängen im Handgalopp auf ein Vorherrschen der Kreuz- und Schenkelhilfen achten und keinesfalls am Zügel ziehen. Da es für das Pferd schwieriger ist, sich im Außengalopp zu setzen, wird es einige Zeit dauern, bis das Durchparieren im Außengalopp ebenso gelingt wie im Handgalopp. Die Stimmhilfe sollte anfangs zusätzlich eingesetzt werden.

Hufschlagfiguren und Lektionen reiten

Das Angaloppieren kann bei Schwierigkeiten anfangs auch auf dem zweiten oder dritten Hufschlag geschehen. Vor allem ist ein übertriebenes Stellen des Pferdes nach außen zu vermeiden.

Wenn der Außengalopp auf der ganzen Bahn sicher gelingt, sollte er auch auf dem Zirkel geritten werden. Besondere Schwierigkeiten macht hier das korrekte Einhalten der Zirkellinie, wenn der Reiter das Pferd zu sehr nach außen abstellt und durch Festhalten des inneren Zügels das vermehrte Unterspringen des inneren Hinterbeines verhindert. Das Pferd muss auch im Außengalopp gut an den äußeren Hilfen stehen, um Hufschlagfiguren richtig ausführen zu können.

HINTERHANDWENDUNG UND KURZKEHRTWENDUNG

Die Hinterhandwendung erfolgt aus dem Halten, die Kurzkehrtwendung aus der Bewegung. Das Pferd wendet hierbei um die auf der Stelle tretende Hinterhand, wobei der Wendepunkt möglichst nah am inneren Hinterbein des Pferdes liegt. Die Hinterhandwendung gilt als versammelnde Lektion, da sie die Versammlungsbereitschaft des Pferdes deutlich erhöht. Sie ist die schwierigste Lektion im L-Bereich und wird selten völlig korrekt gezeigt.

Das Pferd soll in die Bewegungsrichtung gestellt und gebogen mit den

Das Kurzkehrt aus dem Schritt fällt leichter als die Hinterhandwendung aus dem Stand, der Bewegungsablauf ist gleich.
Foto: Ruttmann

Hufschlagfiguren und Lektionen reiten

Das Pferd ist in Bewegungsrichtung gestellt und gebogen. Die Vorderbeine kreuzen, die Hinterbeine treten ohne zu kreuzen einen kleinen Bogen im Schritttakt. Foto: Ruttmann

Vorderbeinen einen Kreis um die Hinterbeine beschreiben. Die Vorderbeine kreuzen dabei, die Hinterbeine treten im Schritttakt auf einem kleinen Kreisbogen ohne zu kreuzen. Lediglich beim letzten Tritt, der das Pferd vorwärts-seitwärts zurück auf den Hufschlag führt, dürfen die Hinterbeine kreuzen.

Im Gegensatz zur Vorhandwende wird das Pferd bei der Hinterhandwende nicht nur gestellt, sondern auch gebogen. Der innere Schenkel wirkt biegend am Gurt ein, der äußere liegt verwahrend eine Handbreit hinter dem Gurt und verhindert das Ausfallen der Hinterhand. Das Gewicht wird nach innen verlagert. Der Reiter sollte darauf achten, nicht in der Hüfte einzuknicken.

Der innere Zügel gibt dem Pferd Stellung und kann etwas seitwärtsführend einwirken. Der äußere Zügel begrenzt die Stellung, bleibt dabei aber elastisch genug, um Vorwärtstendenz zu erhalten. Das Zurücktreten ist als der größere Fehler bei der Hinterhandwendung anzusehen. Der Zügel erhält wie in allen Lektionen in erster Linie die korrekte Anlehnung des Pferdes.

Hufschlagfiguren und Lektionen reiten

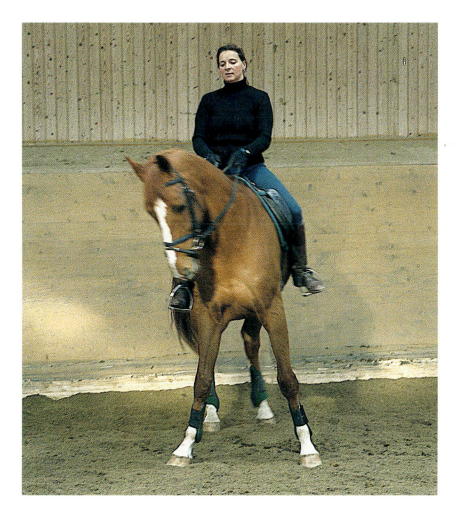

Der äußere Reiterschenkel wirkt verwahrend, er verhindert das Ausfallen der Hinterhand, darf aber nicht seitwärts treiben. Foto: Ruttmann

Hierzu kann er leicht abfedernd einwirken, wenn sich das Pferd auf die Hand legen oder frei machen will.

Die Kurzkehrtwendung ist in der Regel einfacher in der Ausführung als die Hinterhandwende, da das Pferd hier aus der Bewegung direkt in die Wende übergeht und sich die Hinterhand bereits mehr unter dem Schwerpunkt befindet und das Pferd meist besser mittritt. Dies ist besonders der Fall, wenn die Kurzkehrt aus dem Trabe geritten wird. Hierzu wird das Pferd zum Schritt durchpariert und unmittelbar in die Kurzkehrtwendung geführt. Dies erfordert allerdings die Durchlässigkeit des Pferdes.

Wichtig ist vor dem Einleiten der Kurzkehrtwendung der korrekte Schritt an den Hilfen des Reiters. Er treibt das Pferd im Takt mehr unter den Schwerpunkt und gibt eine etwas konstantere Anlehnung, ohne es eng zu machen. Bereits eine Pferdelänge vor der Stelle, an der die Kurzkehrtwendung ausgeführt werden soll, wird das Pferd vorbereitend nach innen gestellt und gebogen.

Um die Hinterhandwendung einzuleiten, kann der unerfahrene Reiter

Hufschlagfiguren und Lektionen reiten

So sollte es nicht aussehen. Die Reiterin knickt in der Hüfte ein. Das Pferd kommt zu tief, verwirft sich und tritt mit der Hinterhand voraus.

zuerst ein oder zwei Tritte nach vorne anreiten, in denen er das Pferd bereits nach innen stellt und mit seinen Schenkeln biegt. Dann führt der innere Zügel die Vorhand des Pferdes auf einem Kreisbogen um die Hinterhand. Beide Zügel fixieren die Abstellung und wirken je nach Engagement des Pferdes in kurzen halben Paraden abfangend ein oder lassen das Seitwärtstreten des Pferdes durch Nachgeben zu.

Der innere Schenkel sorgt gleichmäßig für die Biegung des Pferdes und regt mit kurzen Impulsen die Hinterbeine zum Mittreten auf der Stelle an. Der äußere Schenkel verhindert das Ausfallen der Hinterhand, das vor allem bei übertriebener Innenstellung vorkommt. Gleichzeitig kann er durch kurzes Vortreiben das Abfußen der Hinterbeine in Richtung Schwerpunkt unterstützen. Er darf nicht seitwärts treiben, da er damit das Pferd zum Kreuzen der Hinterbeine anregen würde.

Als Vorübung zur Hinterhandwendung hat sich das Reiten von sehr kleinen Volten (etwa fünf bis sechs Meter Durchmesser) im Schritt bewährt. Das

Hufschlagfiguren und Lektionen reiten

Die Zügel erhalten die Anlehnung. Der äußere begrenzt, der innere gibt die Stellung. Das Pferd sollte dabei nicht wie hier hinter die Senkrechte kommen. die Reiterin müsste es mehr vorlassen.
Foto: Ruttmann

Pferd wird hierdurch geschmeidiger und lernt, in vermehrter Biegung sein Gleichgewicht zu finden. Aus der Volte heraus kann der Reiter eine Hinterhandwende einleiten.

Die in der Volte erzeugte Biegung muss er hierbei erhalten. Die Vorhand bewegt sich wie bisher auf dem Kreisbogen. Lediglich die Hinterhand des Pferdes wird durch die Reitereinwirkung auf einen kleinen Kreis begrenzt. In der Bahnmitte kann der Reiter dann öfter zwischen Volte und Hinterhandwende wechseln, um das Pferd im Bewegungsfluss zu halten.

Auch hat es sich bewährt, die Hinterhandwende zuerst in der Zirkelmitte zu reiten und gegebenenfalls mit Pausen mehr als 180 Grad zu fordern, um sich in den Bewegungsablauf einzufühlen. Allerdings darf dem Pferd nicht zu viel zugemutet werden, damit es nicht widersetzlich wird.

Bei der Hinterhandwendung wird bereits Versammlung verlangt. Das Pferd muss während der Wende untertreten und sich leicht aufrichten. Das Wegdrücken des Pferderückens muss jedoch vermieden werden. Durch vermehrte Hankenbiegung

HUFSCHLAGFIGUREN UND LEKTIONEN REITEN

Die Hinterhandwendung wird mit Halten beendet, das Kurzkehrt endet in der Bewegung.

wird dem Pferd die Hinterhandwende leichter fallen und diese mit Ausdruck gelingen.

Ein oft vorkommender Fehler in der Hinterhandwende ist das Vorausgehen der Hinterhand in der Wendung. Der Reiter hat es dann versäumt, beim Auslösen der Hinterhandwendung die Vorhand zuerst abzustellen. Hierdurch wird das Pferd nicht wie gefordert in vier bis fünf Schritten wenden, sondern wesentlich mehr Schritte benötigen. Der Reiter sollte die Vorhand mehr wie in der Volte herumführen.

Oft wird die Hinterhandwendung viel zu groß, weil das Pferd mit der Hinterhand einen zu großen Kreis ausführt. Meist kreuzen hier auch die Hinterbeine. In diesem Fall muss der Reiter darauf achten, mit seinem äußeren Schenkel nicht seitwärts zu treiben und das Pferd mehr zu biegen sowie die Wendung nicht zu groß nach vorne anzulegen.

Bei fehlender Längsbiegung ähnelt die Hinterhandwendung mehr einem Schenkelweichen auf der Stelle. Der innere Reiterschenkel muss vermehrt biegend einwirken und die Wendung gleichzeitig durch engeres Herumführen der Vorhand verkleinert werden.

Der Reiter muss aber darauf achten, ob das Pferd körperlich bereits in der

HUFSCHLAGFIGUREN UND LEKTIONEN REITEN

Vorbildliches Zügel aus der Hand kauen lassen. Bei aufgewölbter Oberlinie und schwungvollen Tritten streckt sich das Pferd auf die beidseitig nachgebende Zügelhilfe vorwärts-abwärts.

Lage ist, sich auf der kleineren Wendung auszubalancieren. Aufschluss kann hier die klein gerittene Schrittvolte geben, bei der sich das Pferd ohne Probleme ausbalancieren können sollte. Ein extremer Fehler ist die Außenstellung in der Hinterhandwendung, da hierdurch keinerlei Biegung möglich ist. Meist neigt das Pferd in diesem Fall zum Herumeilen in der Wende. Dies stellt der Reiter am besten durch abfangende Zügelhilfen sowie Abfangen mit dem inneren Schenkel ab. Die Hinterhandwende sollte hier zur Übung trittweise geritten werden und das Pferd zwischendurch immer wieder zum Abkauen angeregt werden.

Gleichzeitig muss die Innenstellung und -biegung durch das Reiten von Volten erarbeitet werden.

ZÜGEL AUS DER HAND KAUEN LASSEN

Beim „Zügel aus der Hand kauen lassen" soll sich das Pferd willig durch Verlängerung des Zügels vorwärts-abwärts dehnen. Die Verbindung darf hierbei keinesfalls verloren gehen. Das Pferd soll sich solange strecken, bis sein Maul ungefähr auf Buggelenkshöhe getragen wird. Es soll dabei willig am Gebiss kauen. Das Gleichge-

HUFSCHLAGFIGUREN UND LEKTIONEN REITEN

wicht darf dabei nicht verloren gehen.

Bei der Lektion „Zügel aus der Hand kauen lassen" in Prüfungen soll festgestellt werden, ob das Pferd korrekt an die Hilfen herangeritten wurde und sich somit bei einer Verlängerung des Zügelmaßes bereitwillig in die Dehnungshaltung begibt. Gleichzeitig muss es in Takt und Tempo gleichmäßig bleiben. Es darf auf keinen Fall die Kreuzhilfen des Reiters ignorieren und davonlaufen. Das „Zügel aus der Hand kauen lassen" eignet sich jedoch auch sehr gut als Übungslektion, da es das Vertrauen des Pferdes zur Reiterhand stärkt und für das Pferd eine willkommene Abwechslung zum anstrengenden, aufgerichtetem Gehen bedeutet. Die Halsmuskulatur wird durch das abwechselnde Abwärts-Dehnen und Aufrichten besser gestärkt als durch das dauerhafte Reiten in Dehnungshaltung, da die Pferde hierbei dazu neigen, auf die Vorhand zu kommen.

Um einen entsprechenden Erfolg zu erreichen, ist die korrekte Ausführung der Lektion wichtig. Der Reiter sollte durch energisches Nachtreiben im Arbeitstempo das Pferd dazu anregen, seinen Hals in Dehnungshaltung zu strecken. Wenn das Pferd weich nach vorwärts-abwärts zieht, gibt der Reiter stückchenweise die Zügel nach. Er muss allerdings darauf achten, die Verbindung nicht aufzugeben. Diese soll genauso bestehen bleiben wie in der normalen Anlehnung. Mit dem längeren Zügel kann der Reiter ebenso abfangen und einwirken wie mit dem kurzen Zügel. Das Pferd bleibt an den Kreuz- und Schenkelhilfen des Reiters und hält den Takt und das Tempo der Gangart. Bei Pferden, die zum Schnellerwerden neigen, muss der Reiter die Zügel immer wieder verkürzen, das Pferd wieder in das ursprüngliche Tempo holen und erneut das Zügelmaß etwas verlängern. Mit der Zeit wird das Pferd lernen, das Nachgeben nicht sofort auszunützen, sondern an den Reiterhilfen zu bleiben. Dann kann man den Zügel länger herauskauen lassen.

ÜBERSTREICHEN

Beim Überstreichen gibt der Reiter im Trab oder im Galopp während zwei bis drei Pferdelängen die Anlehnung auf und schiebt beide Hände entlang des Mähnenkamms nach vorne. Das Pferd muss dabei in korrekter Haltung und an den Hilfen des Reiters bleiben. Es ist kein Fehler, wenn die Stirn-Nasen-Linie dabei etwas vor die Senkrechte kommt, solange die Anlehnung gegeben ist.

Auch während des Trainings sollte der Reiter durch Überstreichen von Zeit zu Zeit die Selbsthaltung des Pferdes überprüfen. Er kann hierdurch feststellen, wie gut das Pferd an seinen Gewichts- und Schenkelhilfen steht und ob es losgelassen vom Zügel geht.

Zur Übung wird das Überstreichen auf gebogenen Linien auch mit einer Hand ausgeführt. Hierbei gibt der Reiter den inneren Zügel nach, um festzustellen, wie gut das Pferd am äußeren Zügel steht. Allerdings sollte das Überstreichen nicht ständig durchgeführt werden, so dass der Reiter dauernd die Zügel durchhängen lässt und somit die gleichmäßige Verbindung zum Pferd aufgibt.

HUFSCHLAGFIGUREN UND LEKTIONEN REITEN

SPRINGEN

Selbstverständlich gelten alle Regeln der Hilfengebung auch für das Springreiten. Das tägliche Training des Pferdes in Rittigkeit, Losgelassenheit und Verbesserung der Gangarten ist für das Springpferd ebenso anzuwenden wie für das Dressurpferd. Der Schwerpunkt liegt beim Springen allerdings in der Gangart Galopp. Im Springsitz oder leichten Sitz werden die Steigbügel um zwei bis drei Loch kürzer geschnallt. Der Schenkel des Reiters wird hierdurch mehr gewinkelt. Der vortreibende und der seitwärts treibende Schenkel wirken dennoch auf gleicher Höhe ein. Die Gewichtshilfen werden ebenso über die Gesäßknochen auf den Pferderücken übertragen. Der Sitz des Reiters ist allerdings weniger aufrecht. Seine Wirbelsäule kommt je nach Grad des leichten Sitzes mehr nach vorne. Wird das Gesäß beim extremen leichten Sitz aus dem Sattel genommen, überträgt der Reiter seine Gewichtshilfen über die Oberschenkel auf das Pferd.

Im Anritt auf das Hindernis ist es notwendig, das Pferd mit halben Paraden weich über den Rücken und an den Hilfen zu halten. Durch seinen Sitz beeinflusst der Reiter die Länge des Galoppsprunges, indem er mit der Hüfte energischer und weiter nach vorne treibt oder verhaltener sitzt. Die Länge des Galoppsprunges ist wichtig, um dem Reiter das Taxieren des Sprunges, also das Abspringen im richtigen Abstand zum Hindernis, zu ermöglichen. Im

Leichter Sitz mit relativ langem Bügel. Die Reiterin bleibt mit ausbalanciertem Oberkörper über dem Schwerpunkt des Pferdes. Die Zügelfäuste können zu beiden Seiten des Halses aufgestützt werden. Foto: Schmidt-Neuhaus

Absprung wird eine deutliche Absprunghilfe gegeben, indem der Reiter beide Schenkel andrückt. Das Pferd reagiert hierauf und springt ab. Ein gut gerittenes Pferd wartet auf diese Hilfe des Reiters. Über dem Sprung bleiben die Schenkel geschlossen um den Pferdekörper. Einerseits festigt der Reiter hier seinen Sitz, um sein Gewicht über dem Sprung gut ausbalancieren zu können. Zum anderen regt der Schenkeldruck das Pferd zum Anziehen seiner Beine an, was ein fehlerfreies Überwinden des Hindernisses gewährleistet.

Die Zügelführung ist vor dem Sprung gleichmäßig anstehend. Im Absprung geht der Reiter mit beiden Händen weich nach vorne mit und lässt die Dehnung des Pferdes so weit wie möglich nach vorne zu. Dieses Nachgeben ermöglicht es dem Pferd, sich genügend auszubalancieren und seinen Rücken zur Bascule aufzuwölben. In der Landephase werden die Zügel dann wieder weich aufgenommen.

Die schnelle Verständigung zwischen Reiter und Pferd ist beim Springreiten besonders wichtig. Hierzu ist es notwendig, das Pferd täglich zu gymnastizieren und die prompte und korrekte Reaktion auf nur leicht gegebene Hilfen zu trainieren. Dies wird es dem Reiter ermöglichen, einen Parcours fehlerfrei und in schneller Zeit zu überwinden.

BÜCHER FÜR PFERDELEUTE

Angelika Schmelzer
Longieren - leicht gemacht
Übungen für sicheres gekonntes Longieren, Ausrüstung, Longiertechniken, Hilfestellung bei Problemen
ISBN 3-86127-507-4

Karin Drewes
Aufs Pferd gekommen I
Haltung und Pflege
ISBN 3-86127-508-2

Karin Drewes
Aufs Pferd gekommen II
Füttern, Training, Gesundheit
ISBN 3-86127-509-0

Birgit van Damsen
So werden Pferd und Reiter geländesicher
Training im Gelände und Straßenverkehr
ISBN 3-86127-506-6

Nikola Fersing
Geld- und Zeitspartips für Pferdeleute
Erschwingliches Reiten und richtige Zeiteinteilung
ISBN 3-86127-503-1

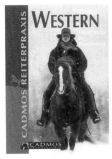

Silvia C. Hofmann
Western
Der Weg zum Westernreiter
ISBN 3-86127-502-3

Marie-Luise von der Sode
Der Gaul macht nicht mit
Lösungen für die Praxis
ISBN 3-86127-505-8

Heike Groß
Alte und unreitbare Pferde
Praxistips, Pflege, Gesundheit
ISBN 3-86127-504-x

Angelika Schmelzer
Umgang mit Hengsten
Erziehung, Haltung, Zucht
ISBN 3-86127-501-5

**Erhältlich im Buch- und Reitsportfachhandel.
Prospekt anfordern bei:**

Cadmos Verlag GmbH • Lüner Rennbahn 14 • D-21339 Lüneburg • Tel. 04131-981666 • Fax 04131-981668